高等职业院校公共课系列精品教材

大学生职业生涯规划

刘　宇　柯　梁　罗　晨　　主　编
曾　芯　贺雅静　琚丽华
刘　娟　黄晓丹　黄小梅　　副主编
聂　靓

電子工業出版社
Publishing House of Electronics Industry
北京 • BEIJING

内容简介

本书较为全面地介绍了职业选择、职业决策的基本理论和具体操作方法，力图使用符合高职学生特点的阐述方式，重视如何用理论帮助学生梳理自我、认知职业、了解决策的基本内涵及常用方法，帮助学生在面对未知世界时，仍能保持信心勇敢前行。本书共七章，包括第一章“校园里的生涯规划”、第二章“自我认知”、第三章“自我管理”、第四章“探索职场”、第五章“评估与修正职业规划”、第六章“就业准备”、第七章“创新创业准备”。

本书案例丰富，可读性强，每节的案例导入侧重联系实际。一方面，能够帮助学生轻松掌握技能要点；另一方面，希望学生通过学习案例，对未来职业发展树立信心。

本书可用于高职高专各专业“职业生涯规划”课程的教学，也可作为企业员工的职业生涯管理、失业人员再就业的参考读物。

图书在版编目（CIP）数据

大学生职业生涯规划 / 刘宇，柯梁，罗晨主编. 一北京：电子工业出版社，2022.9
ISBN 978-7-121-44280-3

Ⅰ. ①大… Ⅱ. ①刘… ②柯… ③罗… Ⅲ. ①大学生一职业选择 Ⅳ. ①G647.38

中国版本图书馆 CIP 数据核字（2022）第 167022 号

责任编辑：薛华强　　特约编辑：李　红
印　　刷：北京天宇星印刷厂
装　　订：北京天宇星印刷厂
出版发行：电子工业出版社
　　　　　北京市海淀区万寿路 173 信箱　　邮编：100036
开　　本：787×1092　1/16　印张：12　　字数：322.6 千字
版　　次：2022 年 9 月第 1 版
印　　次：2022 年 9 月第 1 次印刷
定　　价：46.80 元

凡所购买电子工业出版社图书有缺损问题，请向购买书店调换。若书店售缺，请与本社发行部联系，联系及邮购电话：（010）88254888，88258888。

质量投诉请发邮件至 zlts@phei.com.cn，盗版侵权举报请发邮件至 dbqq@phei.com.cn。

本书咨询联系方式：（010）88254569，xuehq@phei.com.cn。

前　言

2022 年 5 月 1 日起施行的《中华人民共和国职业教育法》明确了职业教育是与普通教育具有同等重要地位的教育类型，是国民教育体系和人力资源开发的重要组成部分，是培养多样化人才、传承技术技能、促进就业创业的重要途径。

面对新时代下的新要求，一方面，在建设现代职业教育体系的过程中，国家对职业教育的功能定位进行了调整：从“以服务为宗旨”调整为“以服务发展为宗旨”，包含着服务社会经济发展和人的全面发展两方面内容；从“以就业为导向”调整为“以促进就业为导向”，表明了从片面追求当前就业目标向追求全面考量当期和长期就业目标的转变。作为国民教育体系的一部分，职业教育将更加注重立德树人、全面育人、加强文化基础教育、强化人文素养教育。另一方面，随着我国经济转型发展、全球经济一体化、社会分工进一步细化，以及“大众创业，万众创新”“学习型社会”“终身学习”等观念的深入人心，社会发展对技术技能型人才的素质提出了更高的要求。因此，作为人力资源开发体系的一部分，职业教育将更加注重促进就业、创业，加强职业核心能力的培养，推动产业文化、工业文化、企业文化与职业教育的融合，对接国际标准，提高技能培养水平，大力提倡质量意识、环保意识、安全意识、责任担当等。

本书旨在帮助高职学生充分挖掘自己的优势，了解职业世界，关注社会发展趋势，学会职业规划的基本思路。在此基础上，从现状出发，发挥特长，不断尝试突破自我，在服务社会的过程中提升能力。通过学习职业生涯规划，树立职业生涯发展的自主意识，树立积极正确的人生观、价值观和就业观，把个人发展和国家需要、社会发展相结合，规划属于自己的职业生涯。

本书突出实际需要的特色，以实际案例为切入点，对高职学生的职业生涯进行规划，体现教学内容与职业工作岗位、工作过程的关联性和思政性。同时，遵循“注重实用，有所创新”的基本思路，体现了实用性、可读性、指导性的特点。

本书共七章。第一章是“校园里的生涯规划”，分析高等职业教育的特点，介绍生涯和职业生涯，进行职业生涯规划，帮助学生明确学业任务、树立学业自信、明确学业规划路径；第二章是“自我认知”，通过分析自己的性格、兴趣、能力，从而找到适合自己的职业方向；第三章是“自我管理”，介绍时间管理、情绪管理、学习管理的方法和流程，让学生珍惜大学时光，能够根据自身情况进行科学、合理的自我管理计划；第四章是“探索职场”，通过对环境（包括宏观环境和微观环境）的认知，分析环境对职业及其发展的影响；第五章是“评估与修正职业规划”，介绍制定职业生涯目标、设计职业生涯路线图以及职业目标的实施和修正，通过运用工具分析职业价值观，找到适合自己的职业目标；第六章是“就业准备”，包括搜索就业信息、调整就业心态、掌握面试礼仪技巧，如何运用法律知识保护自己的权益等，帮助毕业生找到适合自己的工作；第七章是“创新创业准备”，介绍创新、创业的内涵、特点及意义，明晰创新思维的内涵、特点，以及影响因素，让学生理解创新对国家发展的意义，努力提高自身的创新创业能力。

本书由刘宇、柯梁、罗晨担任主编，余德润担任主审，曾芯、贺雅静、琚丽华、刘娟、黄晓丹、黄小梅、聂靓担任副主编，刘宇负责全书的统稿。第一章由贺雅静编写，第二章由罗晨编写，第三章由黄晓丹、刘娟编写，第四章由柯梁编写，第五章由黄小梅、曾芯编写，第六章由琚丽华编写，第七章由聂靓编写。

在编写过程中，我们参考了部分教材、专著、报刊，并借鉴了一些专家、学者的观点和资料，在此，谨向各位专家、学者以及给予我们帮助的各位研究人员表示衷心的感谢！

由于编写时间比较仓促，书中难免存在一些疏漏之处，恳请各位专家及读者不吝赐教，在此表示衷心感谢！

编　者

目　录

第一章　校园里的生涯规划

思政目标

- 端正态度、坚定信心，正确认识自己的学业，做好职业生涯规划
- 学会脚踏实地、实干笃行，开启职业生涯的大门

学习目标

- 了解生涯和职业生涯，进行职业生涯规划
- 了解学业任务，树立学业自信，明确学业规划路径

第一节　职业生涯规划概述

案例导入

近来，浙江大学博士送外卖、清华大学硕士卖保险、中国传媒大学硕士当房产中介的报道引起了社会广泛的关注，也引发了大家对大学生职业规划意识与能力的广泛讨论。

自由择业既是我国劳动法赋予包括高校毕业生在内的所有劳动者的法定权利，也是社会主义市场经济背景下劳动力市场的应有之义和内在要求。同时，这也有助于鼓励大学生个性化发展，充分发挥大学生的聪明才智，实现“人尽其才，才尽其用”和“三百六十行，行行出状元”的美好愿景。

启示

大学生是青年群体中的佼佼者，应把家国情怀融于不懈奋斗中，将实现个人理想与国家社会发展紧密结合起来。在职业选择和就业价值取向上，应坚持把工作岗位放到国家发展大局中进行思考和定位，将个人职业发展同社会发展紧密结合，实现个人价值与社会价值的协调统一。

一、生涯的定义及特点

（一）生涯的定义

“生涯”的英文是“Career”，从词源上看，其来自罗马文“via carraria”及拉丁文

“carrus”，两者均指古代的战车。在西方人的概念中，使用“生涯”这个词在马场上驰骋竞技，隐含有未知、冒险的精神。同时，它强调这不是一般的职业，而是一个人终生孜孜追求的事业，并在这个过程中获得人生的意义。

从中国文字学的角度来看，生涯中的“生”字即“活着”，“涯”字即“边界”。从广义上理解，“生”，自然是与一个人的生命相联系；“涯”，则有边际的含义，即指人生经历、生活道路和职业、专业、事业。人的一生，包含童年、少年、成年、老年四个阶段，而成年阶段无疑是最重要的时期。这一时期之所以如此重要，是因为这是人们经历职业生活的时期，是追求自我、实现自我的重要人生阶段，是人生全部生活的主体。可以说，一个愿意为生涯付出努力和行动的人，人生的风景必定丰富多彩；如果只是懵懂度日，那么当回首往事时，可能只有无限的惆怅和悔恨。

早年，生涯曾被解释为“工作、职业或者角色”。如今，有的人认为“生活就是工作，工作即是生活”。也有的人提出：“工作是为了生活。”这是两种截然不同的关于生涯的观点，但不可否认的是，拥有一份乐在其中的工作，常常能够让人更好地实现自己的理想和抱负。

（二）生涯的特点

1．独特性

每个人都有独特的生涯发展形态。同一种职业可以由很多人来从事，但是生涯是每个人所独有的。我们每个人都有自己独特的个性和独立的价值观，有自己特有的行为方式，因此，人生中我们做出的努力不同，获得的感受也各异。这正如即使在同一棵树上，也不会有完全相同的两片叶子一样。世界千姿百态，我们每个人都有独特的生涯。

2．终身性

生涯发展是人一生当中连续不断的过程。从毕业离开校园成为职业人到退休，职业在我们一生中占据的时间很长，但它并不是我们生活的全部。而生涯则包含了一个终身发展的概念。一个人在人生的不同阶段，都有其不断的发展、不同的追求和任务。这个蜕变与发展的生涯历程，就是我们整个的生命历程。

3．发展性

人是生涯的主动塑造者。生涯是一个动态的发展历程，个人在不同的生命阶段会有不同的需求和目标，这些需求和目标也会不断地变化和发展，个体在追寻目标的同时，也在不断地成长。因此，生涯是一个发展的动态过程。

4．综合性

生涯并不是个人在某一时段所拥有的职位、角色，而是个人在他一生中所有职位、角色的总和，这个总和不仅局限于个人的职业角色，也包括其作为学生、子女、父母、朋友、公民等涵盖人生整体发展的各个层面的各种角色。生涯是一个整合的概念，它涉及人生整体发展的各个层面，我们要用联系的眼光来审视之。

下图为著名心理学家舒伯提出的生涯发展过程表。

阶　段	年　龄	发 展 任 务
成长阶段	出生～14 岁	形成发展自我的概念，发展对工作世界的正确态度，并了解工作的意义
探索阶段	14～24 岁	发展相关的技能，使职业偏好逐渐具体化、特定化并实现职业偏好
建立阶段	25～44 岁	在适当的职业领域稳定下来，巩固地位并力求晋升
维持阶段	45～64 岁	维持既有成就与地位，更新知识与技能，创新
衰退阶段	65 岁以上	减少工作上的投入，计划安排退休生活，退休

美国著名心理学家舒伯提出的生涯发展过程表

二、职业生涯的定义及特点

（一）职业生涯的定义

职业生涯是一个动态的过程，是指一个人一生在职业岗位上所度过的、与工作活动相关的连续经历。它并不包括在职业上成功与失败或进步快与慢的含义。也就是说，不论职位高低、不论成功与否，每个工作着的人都有自己的职业生涯。简单地说，职业生涯是个体职业发展的历程。这主要表现在：

（1）职业生涯是个体的概念，是指个体的行为经历，而非群体或组织的行为经历。

（2）职业生涯是职业的概念，实质上是指一个人一生中的职业活动或经历。

（3）职业生涯是时间的概念，是指职业生涯期。职业生涯期起始于工作之前的专门的职业学习和训练，终止于完全结束或退出工作。实际的职业生涯期在不同的个体之间差异很大，有长有短。

（4）职业生涯是发展和动态的概念，是指个人职业内容和职位的发展变化。职业生涯不仅表示职业工作时间的长短，而且包括职业变更与发展的经历和过程，以及从事何种职业、职业发展的阶段内容。

（5）职业生涯并不包含对职业生活的评价。一个人的职业生涯，是其一生中从事职业工作的经历，这个经历可能是连续的，也可能是断断续续的；可能是从一而终的职业生活方式，也可能是变换很多的职业生活方式；可能是功成名就的辉煌历程，也可能是艰难坎坷的痛苦经历。总之，只要有工作经历、有职业生活内容，无论从事何种职业、具有何种素质和业绩水平，就都拥有属于自己的职业生涯记录。

总而言之，各种定义都把职业生涯作为个人经历来界定，可一言以蔽之：“职业生涯是个体职业发展的历程。”

知识拓展

职业生涯关注的四个问题

1. 我是谁

我是一个什么样的人？我喜欢什么？我能够做什么？我看中什么？

2. 我在哪里

我处在什么样的环境？我能在这里做些什么？像我这样的人如何在环境中发挥最大功能？我所处的环境、社会群体、工作世界、经济情况如何？

3. 我要到哪里去

我的明天和未来是什么样子的？我如何选择和制定我的生涯目标？怎样才能找到一个安身立命的方向？

4. 我如何才能到达

我如何才能成为我想成为的自己？我的生涯路径、生涯规划与行动该怎么做？

（二）职业生涯的特点

一般来说，职业生涯有以下五个特点。

1. 独特性

每个人从事某种职业的条件是不同的，对未来职业的憧憬是有差异的，对职业评价的角度是不一致的，在职业选择的态度上是多样性的，在职业生涯过程中做出的努力也不尽相同，从而使自己的职业生涯呈现出与别人有区别的个性特点。

2. 发展性

每个人的职业生涯都是一个发展、演进的动态过程，都是一个个体逐步实现其职业生涯目标，并不断判定和实施新目标的过程。这个发展过程有两种形式：一是职务的升迁，是指在同一职业甚至同一单位中，一个人职位的不断晋升；二是职业的改变，是指一个人所从事工作内容的改变。

3. 阶段性

每个人的职业生涯发展过程都有若干不同的阶段，绝不可能总停留在一个阶段上，职业生涯的各个阶段都是紧密相连的。一般来说，前一个阶段是后一个阶段的基础，而后一个阶段是前一个阶段的发展，各个阶段之间具有递进性。每个人在不同的职业生涯阶段的目标和任务是不相同的。

4. 整合性

职业生涯涵盖了人生整体发展的各个方面，并非仅仅局限于工作或职位。每个人在职业生涯发展过程中或者从事某项工作时，都不是孤立地干工作，而是与自己的家庭、业余生活等紧密地联系在一起的。一个人所从事的工作，往往决定他的生活状态，而且职业与生活两者之间很难区别。

5．互动性

个人的职业生涯是个人与他人、个人与环境、个人与社会互动的结果。人是社会关系的总和，人不能脱离社会而存在，个人职业生涯的状态、职业选择的观念、职业能力的锻炼、职业信息的掌握也会对其他人产生影响，好的环境能坚定个人从事某种职业的信念。社会上新职业的出现，职业需求的变化，则会使个人对自己未来的职业生涯重新进行思考。

三、职业生涯规划的定义及特点

（一）职业生涯规划的定义

职业生涯规划（Career Planning）也叫“职业规划”。在学术界人们也喜欢叫它“生涯规划”。它是对职业生涯乃至人生进行持续的、系统的、计划的过程，具体是指在对一个人职业生涯的主客观条件进行测定、分析、总结的基础上，对自己的兴趣、爱好、能力、特点进行综合分析与权衡后，结合时代特点，根据自己的职业倾向，确定其最佳的职业奋斗目标，并为实现这一目标做出行之有效的安排。

（二）职业生涯规划的特点

一般来说，职业生涯规划具有以下六个特点。

1．可行性

职业生涯规划必须依据个人实际情况及其所处环境的现实来制定，而不仅仅是一份写在纸上的计划、一些不着边际的设想。制订的计划必须具有可行性，可实施，从而让文字变为实实在在的举措和行动。

2．阶段性

阶段性又称为适时性，正因为职业生涯规划是对未来的职业生涯目标和未来职业行动的预测，所以各项活动的实施及完成时间，都应该有时间和顺序上的安排，以便作为检查行动的依据。

3．灵活性

规划未来的职业生涯目标与行动，涉及很多不确定因素，因此，规划应有弹性。随着外界环境和自身条件的变化，个人应及时调整自己的职业生涯规划方案，以提高其适应性。

4．发展性

职业生涯目标是人生追求的重要目标，职业生涯规划应贯穿人生发展的每个阶段，通过不断的调整和持续的职业活动安排，最终实现职业生涯目标。

5．独特性

独特性又称为差异性，每个人的个性、水平都不尽相同，每个人都是社会上独立的个体。职业生涯规划是基于自身的条件而制定的，必须要符合自身实际情况，切忌千篇一律。

6．社会性

职业生涯规划必须与社会实际发展相适应，随着时代的发展变化，衍生出了许多新兴职业，对职业也提出了新的不同要求。因此，在制定设计自身职业生涯规划时，一定要让个人需求与社会需求相适应，择己所长、择世所需。

四、生涯、职业生涯和职业生涯规划之间的关系

从广义上看，生涯的范围最广，它以人的一生为时间轴，囊括了其中涉及的所有变化与发展，也就是我们的整个生命历程。职业生涯和职业生涯规划的范围则依次变小，职业生涯是指个人从事职业工作的所有时间，职业生涯规划包括职业规划、自我规划、理想规划、环境规划、组织规划等，它涉及一个人一生在职业岗位上与工作活动相关的所有经历；职业生涯规划最为具体，它是针对某一职业的发展规划，简单地说就是规划个人从开始工作到退休的整个职业历程。

职业生涯规划，最终就是“适合”，这需要在分析自己的基础上，综合考虑外在环境后做出判断。“适合”的简单判断就是“人职匹配”，其中要分析三个因素：一是“人”，“人”就是大学生自身，其由性格、理想、“三观”等内在因素和专业、知识、经验、技能等外在因素所组成，分析“人”就是分析自我的内、外两方面；二是“职”，“职”就是行业、职业、企业、职位等外在因素；三是“匹配”，“匹配”就是“人”“职”之间的适应程度。匹配度越高，职业生涯规划的成功率就越大。简单地说，规划职业生涯的目的就是争取最大的收益，达到少走弯路、不走错路、避免走回头路、选择走最佳路径来实现职业理想的目的。

五、职业生涯规划的方法与作用

建造高楼大厦需要先设计图纸，人生也是如此。为了实现目标、过上幸福的生活，要考虑自己的个性、潜力、兴趣、环境等因素，进而设定目标，规划出可以付诸实践的人生蓝图，这就是职业生涯规划。这里所说的职业生涯规划，是指根据职业生涯发展的阶段性而设定的目的和目标，并为实现这一目标而制订系统的实施计划的过程。职业生涯规划的系统化、合理化程度和可行性等因素决定着职业生涯的成功与否。因此，根据职业生涯的阶段性特点来制定合理的职业生涯规划并逐步推进是非常重要的。

在设计个人的职业生涯规划时，需要注意三点：

第一，要尊重自己的潜质及个性；

第二，比起外在价值，应更注重内在价值；

第三，要在社会需求的范围内进行设计。

换言之，职业生涯规划是指个人根据对自身的主观因素和客观环境的分析、总结和测定，确立自身生涯发展目标，选择实现这一目标的职业，制订相应的工作、培训和教育计划，并按照一定的时间安排，采取必要的行动来实现生涯目标的过程。

如美国心理学家舒伯的职业生涯彩虹图所示，在职业生涯规划中，自我剖析与环境分析是基础。自我剖析侧重于内因分析：明晰自己的世界观、人生观和价值观；分析自己的专业知识和技能以及职业素养水平；审视自己的性格、兴趣与人格特征。环境分析侧重于外因分析：包括宏观环境分析和微观环境分析，以及竞争者的挑战和威胁。通过自我剖析和环境分析，逐渐确立职业目标。

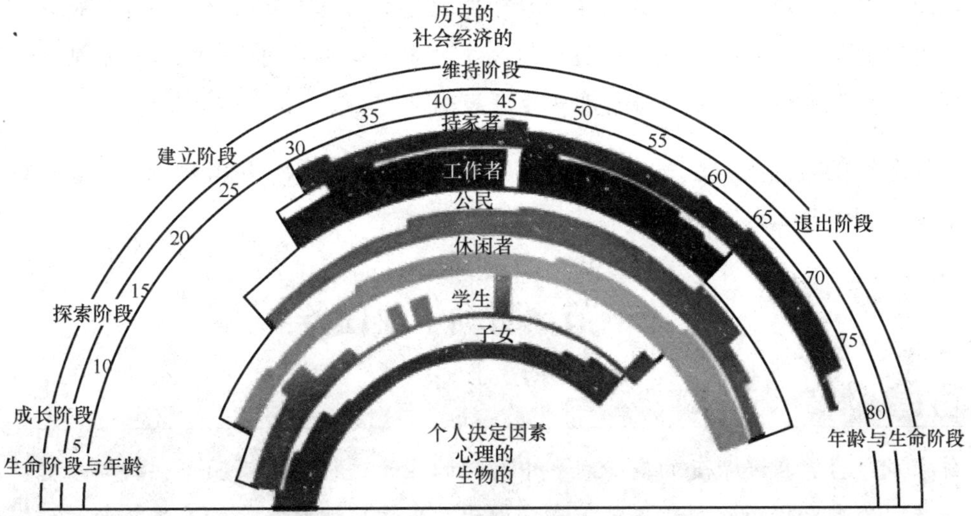

美国心理学家舒伯的职业生涯彩虹图

职业生涯规划的主要作用有：

（1）以既有的成就为基础，确立人生的方向，提供奋斗的策略；

（2）突破生活的束缚，塑造清新充实的自我；

（3）准确评价个人的特点和强项；

（4）评估个人目标和现状的差距；

（5）准确定位职业方向；

（6）重新认识自身的价值并使其增值；

（7）发现新的职业机遇；

（8）增强职业竞争力；

（9）将个人、事业与家庭联系起来；

（10）扬长避短，发挥职业竞争力；

（11）了解就业市场，科学合理地选择行业和职业；
（12）提升个人实力，获得长期职业发展优势；
（13）尽快适应工作，提高工作满意度，实现事业的成功。

思考与练习

小江的职业生涯规划

小江是江西某高职院校大二的学生，专业是宠物诊疗。小江喜爱动物、胆大心细，但他的困惑是喜欢动物和给动物看病完全是两码事，当初报名这个专业的时候只是想可以有机会多接触小动物。进入大一之后，他发现这个专业对动手能力的要求很高，要学习的知识是多方面的，真正要给动物看病，还需要考取兽医资格证。为此，他感到动力不足、迷茫失落。幸亏小江是一个遇到问题就愿意去解决的同学，他找到职业生涯规划课老师，希望老师能够帮助其进行职业生涯规划。

在5分钟的时间内，思考一下小江同学应该如何进行职业生涯规划。当自己感到迷茫失落时，应该怎么办？

第二节　明确学业任务

案例导入

作家龙应台曾在《亲爱的安德烈》中对她的儿子这样写道：孩子，我要求你读书用功，不是因为我要你跟别人比成绩，而是因为，我希望你将来会拥有选择的权利，选择有意义、有时间的工作，而不是被迫谋生。当你的工作在你心中有意义时，你就有成就感。当你的工作给你时间、不剥夺你的生活时，你就有尊严。成就感和尊严，给你快乐。

如果我们不跟别人比名比利，而只为自己找心灵安适之所在，那么连“平庸”这个词都不太有意义了。“平庸”是跟别人比，心灵的安适是跟自己比。千山万水走到最后，我们最终负责的对象，还是“自己”。

启示

读书虽然不能给我们带来更多的财富，但它可以给我们带来更多的机会。有机会，才会有未来。

一、明确高等职业教育的目标与特点

（一）高等职业教育的目标

高等职业教育的快速发展，满足了人民群众接受高等教育的强烈需求，丰富了我国

高等教育的类型，完善了职业教育的层次结构，对我国在21世纪初实现高等教育大众化的历史性跨越起到了重要作用。高等职业教育为国家培养了一大批高素质技术技能型人才，为国民经济建设和社会发展做出了积极贡献，在我国建设人力资源强国和高等教育强国的伟大进程中发挥着不可替代的作用。

随着我国进入新的发展阶段，产业升级和经济结构调整不断加快，各行各业对技术技能人才的需求越来越紧迫，职业教育的重要地位和作用越来越凸显。《国家职业教育改革实施方案》指出，职业教育的总体目标与要求是坚持以习近平新时代中国特色社会主义思想为指导，把职业教育摆在教育改革创新和经济社会发展更加突出的位置。牢固树立新发展理念，服务建设现代化经济体系和实现更高质量更充分就业需要，对接科技发展趋势和市场需求，完善职业教育和培训体系，优化学校、专业布局，深化办学体制改革和育人机制改革，以促进就业和适应产业发展需求为导向，鼓励和支持社会各界特别是企业积极支持职业教育，着力培养高素质劳动者和技术技能人才。经过5～10年的时间，职业教育基本完成由政府举办为主向政府统筹管理、社会多元办学的格局转变，由追求规模扩张向提高质量转变，由参照普通教育办学模式向企业社会参与、专业特色鲜明的类型教育转变，大幅提高新时代职业教育现代化水平，为促进经济社会发展和提高国家竞争力提供优质人才资源支撑。

（二）高等职业教育的特点

《职业教育提质培优行动计划（2020—2023年）》指出，要把发展专科高职教育作为优化高等教育结构和培养大国工匠、能工巧匠的重要方式，输送区域发展急需的高素质技术技能人才。这也言明了高等职业教育的特点。

1．突出职业能力培养

高职院校积极与行业企业合作开发课程，根据技术领域和职业岗位（群）的任职要求，参照相关职业资格标准改革教学内容，关注提高学生的实践能力（解决实践中的操作难题）、创造能力（技术引进、改造、管理、成果转化、发明创新）、就业能力（具备精湛的操作技能、岗位的技术应用能力）和创业能力，培养拥有高度社会责任感、吃苦耐劳品质的德智体美劳全面发展的社会主义建设者和接班人。

2．紧贴行业需要，服务社会需求

高等职业教育应主动适应国家加快经济发展方式转变、产业结构调整和优化升级、主体功能区定位的要求，坚持以服务为宗旨、以就业为导向，立足区域办学校，围绕行业办专业，结合所在地区的经济社会发展情况和行业岗位需求开设专业，服务经济社会发展。

3．实行“工学结合”和“校企合作”

高等职业教育以培养学生的技术应用能力为实践教学目标，在专业技术、技能教学

中，讲练结合，理实一体，实行“工学结合”“订单式培养”，将课堂搬到模拟实验室、车间等工作环境中，实行“现场教学”，使学生的动手能力和技能应用得到较大的提升。高职院校通过“产学合作”与用人单位联合实施灵活开放的“订单式”人才培养模式，实现人才培养有目标、就业去向有保障的“校企合作”的良性循环。

4．以“社会化”和“市场化”的评价体系为标准

高职教育面向社会办学、面向就业市场培养人才，其教育效果的优劣主要由社会与用人单位来评价和判断，其中最重要的评价指标包括毕业生就业去向率、毕业生从事岗位工作的社会认可度等。

二、明确高职专业人才培养方案的原则与特点

（一）高职专业人才培养方案的基本原则

1．坚持立德树人根本任务

人才培养方案必须全面贯彻党和国家的教育方针，坚持育人为本、德育为先，培养德智体美劳全面发展的社会主义合格建设者和接班人，办好人民满意的高职教育。正确处理人文教育与专业技能培养、学历教育与继续教育、引导教育与自我教育、传统教育与创新创业教育等之间的关系，着力提高学生实践能力和创新创业能力。

2．坚持适应区域经济社会发展

人才培养方案是在广泛开展社会人才需求调查，关注区域经济社会发展中出现的新情况、新特点、新岗位、新工种及专业技术领域发展趋势的基础上编制的。因此，人才培养方案具有鲜明的时代特点，能更好地适应经济社会发展要求。专业人才培养方案应由学校和相关用人企业共同制定与实施。同时，方案要注意遵循教育教学规律，妥善处理社会需求多样性与教育工作专业性的关系、社会需求变化性与教学工作稳定性的关系、人才岗位需求方向性与学生职业生涯规划针对性的关系。

3．坚持理论与实践相结合，突出实践能力培养

人才培养方案注重将人才培养模式、课程体系设计与工作岗位实际相结合。教学进程安排和课程体系设计中贯彻工学交替要求，适当增加仿真实践和模拟操作训练。切实加强实践教学，保证和明确实践实训时间和内容，集中实训课程要单独设置。把毕业设计（论文）和顶岗实习相结合，保证学生累计不少于半年的企业顶岗实习时间。

4．坚持职业道德与职业能力共同提高

人才培养方案坚持知识传递、技能培养与道德培养相统一，将人文素养和职业道德教育纳入人才培养方案，帮助学生掌握从事本专业领域岗位工作的业务技能，并具有高尚的职业道德和团队精神。

5．坚持遵循职业教育规律，突出应用性和针对性

人才培养方案根据培养目标和要求设置课程体系。课程体系以一专多能为引领，帮助学生围绕一个职业领域掌握相应岗位技能，兼顾学生学习能力、职业通用能力的培养，使之适应有关岗位群要求。专业学习领域课程是以职业领域要求为线索，围绕岗位典型任务开发“教学做一体”的项目化课程，以必须够用为度，减少单纯的理论课程。

6．坚持因材施教和整体优化

人才培养方案注重优化课程整体设计，切实加大课程改革力度，尽可能把专业课与实验实训课合为一体。归并理论课程和实践课程，建立理论与实践紧密结合的一体化课程。

课程内容坚持以岗位职业能力培养为中心，实现“教学做一体”。学时分配上也应优先安排理论与实践结合紧密的一体化课程。除此之外，在保证马克思主义理论课程和思想政治教育课程的基础上，要兼顾高等数学、英语、体育、应用文写作等公共基础课程，以更好地促进学生全方面发展。计算机基础课程应根据学生实际情况和专业培养要求开设，课程目标突出应用能力培养。

7．坚持强化专业特色

专业课程体系设计注重结合专业人才培养模式改革和课程教学改革，与行业企业合作开发综合培训课程。注重技术领域和职业活动领域的任职要求，参照相关职业资格标准，改革课程体系和教学内容，积极探索基于工作过程的课程开发与教学改革。根据专业服务职业领域，设计适应不同岗位能力培养的模块化课程，并不断优化人才培养模式。

8．坚持创新创业教育

以培养学生创新精神、创业意识和创新创业能力为目标，通过调整专业课程设置，挖掘和充实专业课程的创新创业教育资源，在专业培养过程中加强创新创业教育，将专业教育与创新创业教育有机融合。同时，面向全体学生开设 1 门创新创业基础必修课、3～5 门创新创业选修课。

（二）高职专业人才培养方案的特点

1．职业性

职业性是高职人才培养方案的最显著特点之一。高等职业教育强调以高等职业技术为核心，职业性要求高职教育要符合职业岗位群或岗位的具体要求，要从职业岗位的角度来培养人才，要以培养人才适应岗位的工作能力为重点。

2．应用性

高职人才培养模式的应用性特点是与其培养目标相关联的。社会对人才的需求总体上可分为两大类：一类为发现和研究客观规律的学术型人才，另一类为应用客观规律为社会谋取直接利益的应用型人才。应用型人才又可分为工程型、技术型、技能型三种。高职教育培养的主要是技术技能型人才。

3. 实践性

这个特点与高职教育人才培养的方式、途径、手段等相关联，体现在教育教学过程的各个方面。在学时的安排上，专业实践课的学时所占比例较大，目的是使毕业生能较快地适应岗位工作的需要。所以，高等职业技术教育的专业开发、课程设计以及教学计划的制订等，都有来自生产一线与工作现场的专家参与。对于高职的专业教师，则要求其具有“双师”的素质，即既要能从事专业理论教学，又要能从事专业实践教学，甚至要能进行技术开发和技术服务。

三、明确高职学生学业的定义及特点

（一）高职学生学业的定义

在《现代汉语词典》（第 7 版）中，“学业”一词被解释为学习的课业。对高职学生来讲，学业是指在高等职业教育阶段进行的以学习为主的相关活动，它既包括专业知识的学习，又包括政治思想、职业道德、综合素质、职业能力、创新精神的全面培养。

（二）高职学生学业的特点

1. 未来职业的定向性

高职院校学生在进校之初，自己就已经基本明确了未来的工作岗位（群），了解了学业水平的高低直接影响就业水平。因此，他们能主动围绕自身就业方向，深入学习专业课程和基础课程，并致力于完善自身职业素养。

2. 学习途径的多样性

高职院校学生的学习途径包括课堂、第二课堂、网络平台、企业一线、社团活动等，通过多样化的途径，促进其综合能力的全面发展和个人素质的提升， 进而推动未来职业生涯的成功。

3. 学习内容的实践性

根据《教育部关于职业院校专业人才培养方案制订与实施工作的指导意见》，高职院校学生实践性学时原则上要占总学时数的50%以上，学生顶岗实习时间一般为 6 个月。这一顶层设计对实践学习提出了硬性要求，也为学生提供了更多实践机会。

案例分析

阿苑是江西某高职院校的一名大一新生，怀着激动的心情刚刚踏入大学校门的她以为“考取大学后就轻松了”，直到在大学生职业生涯发展与规划课堂上，老师郑重提醒同学们从当下就要做好大学生涯规划，并进行严格地管理，以为今后的职业规划打下坚实的基础。这时候阿苑感觉自己被高中老师“欺骗”了，并在朋友圈里说道：“说好的大学的轻松呢？”经过和老师、同学以及学长的沟通，阿苑静下心来规划自己的大学生涯，但同时她又感到迷茫、困惑，她向老师求助，总结出来的问题主要集中在以下三个方面：

（1）希望知道如何选择职业发展方向。

（2）希望了解专业方向对入职者的基本能力和素质的要求。

（3）希望知道作为大一新生应从哪些方面着手培养职业技能和职业素养。

【点评】

许多刚入校就来咨询的大一学生大多是因为刚入学感到一切都很迷茫、不知从何入手去学习。在大学生职业生涯发展与规划课堂上，老师要因人施教，根据高职教育特点和不同专业培养方案，有意识地对学生进行引导。学生自己也要积极主动地参与实践课程，主动走进实验室、企业、产业园、创业基地等，以学促行、学做结合，在实践中，学生的一切迷茫和问题都会一扫而空。尽早开始学业规划和职业生涯规划，将职业的种子早早种下，经过三年的生根发芽、汗水浇灌，到毕业季的学生们必定会收获累累硕果。

四、明确高职学生的学业任务

（一）提高思想政治水平

提高思想政治水平是加强职业道德的基础，要借助思政课程、课程思政、形势与政策讲座、行走的思政课等方式，不断培养和践行社会主义核心价值观。随着思政水平的提高，学生能树立起正确的价值观，并形成良好的职业道德，从而在激烈的职场竞争中脱颖而出。

（二）提高专业技能水平

学生的专业素养中最重要的就是职业技能，职业技能是指学生将来就业所需的技术和能力，特别是对高职学生来说，职业技能是至关重要的。学生们要根据自身专业方向，在完成课堂学习任务、第二课堂学习任务之余，按照“1+X”证书制度要求，考取专业技能证书，不断增强知识储备，提高专业技能水平。同时，还可根据个人兴趣爱好加入相关社团组织，参与各类社团活动，不断提升个人综合素质。

（三）提高社会实践能力

各类社会实践能让学生提前熟悉未来工作需要面对的环境与需求，要利用好实训课程、企业参观、假期社会实践、顶岗实习、跟岗实习等机会，提前接触自己拟从事的职业，将单纯的学校学习变成校内外共同学习。在实践中，学生的团队精神、沟通能力、组织协调能力等不断增强。同时，在不断的实践提高中，自身的就业目标会更加清晰明确。

（四）提升创新创业水平

近年来，国家出台了一系列政策鼓励大学生创新创业，在完成校内创新创业课程及专题培训之余，要积极参与“互联网+”大学生创新创业大赛，以赛促进，强化创业意识、创业精神、创业能力和自主发展能力。在各方面条件都较为成熟的基础上，可以依托学院创新创业基地，根据所学专业进行创新创业实践。

思考与练习

很多新生进入大学后感到无所适从，只能被动地适应学校生活，还有很多人把大部分的时间花在打游戏、谈恋爱和上网等方面。结合你自己的亲身经历或者他人案例，谈谈你认为高职三年需要做点什么才不虚度。

第三节　树立学业自信

案例导入

世界技能大赛由世界技能组织举办，被誉为“技能奥林匹克”，是世界技能组织成员展示和交流职业技能的重要平台。在第 45 届世界技能大赛中，中国代表团参加了全部 56 个项目比赛，夺得 16 金 14 银 5 铜的优异成绩，再次列金牌榜、奖牌榜、团体总分第一。其中，江西省选手参加了电气装置、水处理技术、飞机维修 3 个项目的比赛，取得 2 金 1 银的历史最好成绩，实现了江西在世界技能大赛奖牌、金牌零的突破。此次大赛，我省参赛选手夺牌率 100%，为祖国和人民争得了荣誉，也展现了我省技能人才精益求精的精神风貌。

启示

目前全国技能人才总量超过 2 亿人，高技能人才总量已超过 5000 万人，但人力资源市场上技能人才仍供不应求，而举办各类技能比赛，正是鼓励年轻人学技术的重要方式。特别是近年来，中国连续在世赛上取得好成绩，更是增强了技能人才的职业荣誉感和自信心。

一、学业自信的定义

学业自信是指学生个体对与自身学业有关的学习动机、能力、方法的肯定和确认。学业自信是学生在学习阶段综合方面的自我相信和信任，是学生自信的主要组成部分，主要体现在课堂表现、考试期望、师生互动、参与集体活动等方面。学业自信不足以成为判断学生能力高低与成功与否的唯一标准，但是学业自信的建立能够更好地促进学生素质全面发展，有助于培养更多的高素质技术技能型人才。

首先，提升高职学生学业自信可以使他们尽快从以前失败的学习的经历中走出来，重新建立起对学习的兴趣，证明自己的学习能力，重新建立起学习的动力。三年的学习积累必要的专业技能，为将来选择就业或者进一步提升学历打下良好的基础。其次，不同领域的自信是相辅相成的，高职学生学业自信的建立能够促进其他方面自信的建立，从而建立整体自信。整体自信可以激发学生的成就动机，使其表现出积极进取的精神面貌，有利于建立优良的学风和校风。最后，在终生学习的理念下，提升学业自信是满足学生个人长期发展的需要。学生的根本任务是学习，学业自信的建立能够使其学有所长。掌握一门专业技术，还能促进其他方面自信的提升，更能促进学生的全面发展，实现个人的成长成才。

二、高职学生树立学业自信的基础

随着国家对职业教育的不断重视、高职院校办学质量的不断提高和经济社会对高职教育的不断认可，高职学生应该有来自自身的底气和自信。

（一）高职学生的学业自信来自高职教育作为类型教育的价值与魅力

《国家职业教育改革实施方案》明确指出，职业教育与普通教育是两种不同的教育类型，具有同等重要地位。高职教育作为类型教育的价值和魅力就在于，高职教育不过分看重学生的语言及数学逻辑智能，而更看重学生的身体运动智能；高职教育不以培养科学研究人才为主，而重点培养技术技能人才；高职教育培养的人才直接服务于劳动就业，适应面广，就业能力强，更加受社会的欢迎；建设现代化强国不仅要依靠高学历的科研专家，更需要一大批适应技术进步、生产方式变革和社会公共服务要求的高素质技术技能人才。高职教育具有普通高等教育所不具有的技术应用型教育的魅力，因此高职学生接受高职教育应该足够自信。

（二）高职学生的学业自信来自自身娴熟精湛的技术技能

“崇尚一技之长、不唯学历凭能力”是高职教育秉持的重要办学理念。在加快建设制造强国、助推“中国制造”走向“优质制造”“精品制造”的进程中，高职教育承担着培养高素质技术技能人才的重要使命。进入高职校园，理论教学将会被弱化，实践动手操作将会被强化，校内实习实训室和校外实训基地将是学习实践的重要场所。“普通教育有高考，职业教育有技能大赛。”过去，检验普通教育教学成果的最终手段是高考；而现在，检验高职院校教学成果的最终手段是各级各类技能大赛。技术技能是高职学生立足社会的根本，学技术、练技能，成就新时代的知识型、技能型、创新型、现代型工匠应该是三年高职学习的主要任务。高职学生选择高职教育，以技术技能成就精彩人生，以技术技能报效祖国。因此，前景光明，未来可期。高职学生应该在职业院校的实训室、顶岗实习基地和技能大赛赛场中展现特长，凸显魅力，建立自信，成为对社会有用的技术技能型人才，受到全社会的尊重。

（三）高职学生的学业自信来自自身良好的职业素养

成为高素质技术技能人才，仅有技术技能是不行的，还需要有较高的职业素养。有调查数据显示，80%的企业对毕业生职业素养的需求大于对专业技能的需求。高职毕业生服务于生产、建设、管理、服务一线的职业定位，需要自觉养成一丝不苟的敬业态度、吃苦耐劳的奉献精神、细心专注的工匠品质、技术精进的职业能力、追求卓越的精品意识、践行承诺的诚信品质、用户至上的服务精神和敢于突破的创新勇气。精湛的技术技能加上良好的职业素养，职业技能与职业素养和谐发展，是树立学业自信的重要基础。

（四）高职学生的学业自信来自高职院校高质量的办学水平

高质量的办学水平是高职学生底气和自信的最有力支撑。德国职业教育为何如此吸引人？德国的职业教育为何备受青年学子的青睐？这与它的高质量密切相关。我国高职教育自 20 世纪 90 年代末以来，经历了迅猛发展阶段和内涵提升阶段。一大批国家示范（骨干）院校、优质学校脱颖而出，其办学质量得到了社会的高度认可。从历年全国 13 个省的高职院校录取分数线来看，有不少国家示范（骨干）院校的录取分数线超过本科二批录取分数线。不少考生放弃二本院校选择高职院校，这体现出考生对高职教育的认可和理性选择。高职院校办出特色，办出质量，高职毕业生受到用人单位的普遍欢迎，这是高职学校赋予学生的自信。

（五）高职学生的学业自信来自较高的就业率和产出回报率

长期以来，高职院校瞄准市场需求设置专业，高职院校培养的毕业生下得去、用得上、留得住，高职毕业生半年后就业去向率超过 90%，近 70%的职业院校毕业生在县市就近就业。与接受普通高等教育相比，接受高职教育通常会更早就业，这就减轻了学生的学业负担。这对家庭条件欠佳者来说是一种非常合适的选择。高职教育改变了贫困家庭学生的命运，从源头上阻断了贫困家庭的代际传递，为贫困家庭学子实现人生出彩创造了条件。高职教育应该成为青年学子的理性选择，高职教育的高就业率和回报率应该成为高职学生的自信来源。

三、高职院校加强学生学业自信的方法与途径

（一）不断加强学业自信教育

高职学生刚入学时面临着理想和现实的差距，还有适应完全陌生环境的压力，自信心不强。因此，高职院校要高度重视新生入学初期对学生学业自信方面的教育引导。充分利用入学教育的机会，对学生进行激励教育与专业认知教育。班主任与专业教师要利用班会

和课堂教学教育学生，运用毕业生中的先进典型事例对学生进行激励引导，促使他们把高职学习当作人生中的一次经历，消除其内心的不适，将专科学习作为人生发展的一个起点，并为他们提供专升本、考研等途径提升自己的学历，从而逐步实现原有的目标。要加强入学初期对学生的专业认知教育，通过生动的案例，为学生分析所学专业的要求、主要课程、学习方法和就业前景，让学生对所学专业有清晰的认知，促进学业自信的增强。

（二）继续深化教育教学模式改革

教学模式设计上要做到以学生为本，充分考虑高职学生的自身特点，做到因材施教。结合高职教育的人才培养方案及目标，逐步淡化理论教学过多的理念，增加实践教学环节，让学生在学中做、做中学。同时，积极探寻校内外实训基地建设，加强校企合作，使学生在校期间就能接触到真实的生产、操作情境，提高学生的动手实践能力，通过实践加深对理论的认知理解。同时，要建立与教学模式相适应的学生评价体系，将学生的平时表现与课堂实践效果作为考核的主要依据，让学生在实践操作和技能运用中不断积累、增强自信。

（三）加强对高职教育的认知和宣传

建立学业自信最根本的是要加强学生对高职教育的认知、认可和接纳，让他们认清高职教育的人才培养定位，感受到社会对高职人才的迫切需求和高职学生具备的就业优势。要依托“职业教育活动周”系列活动、就业指导课、思政教育课、班会、企业参观学习和社会实践等途径，向学生阐明高职教育人才培养的定位，宣传毕业生中的先进典型事例，鼓励学生学好技能、成就事业。而且，高职院校在加强内涵建设的同时，也要做好对外宣传，让社会更加了解高职教育的优势，不断扩大学校的知名度和社会认可度，助推学生增强学业自信。

四、高职学生树立学业自信的方法与途径

（一）提高自我认识水平

正确的自我认识要求既能看到自己的长处和优势，又能发现自己的短处和不足，并且承认和接受自身缺点，以理智和积极的态度面对缺点，树立正确的人生观、价值观，全面深入了解自己。接着，要学会接纳自己，这是在全面认识自我的基础上所建立起来的一种对自我的情绪体验及态度。对于高职生而言，要善于在实践中发现自己的优势。在生活和学习中，获得成功体验的途径有很多，不仅仅是考试。拓展生活经验，积极参与社团活动、社会实践往往能取得令人意想不到的效果。在各种各样的实践中，每个人都能发挥个人的优势，从而愉快地接纳自己。

心理学认为，人们在认知自己和他人的优缺点时有四种认知模式：第一，“你行我不

行”，只看到别人的优点和自己的缺点，看不到别人的缺点和自己的优点；第二，“我行你不行”，只看到自己的优点和别人的缺点，看不到自己的缺点和别人的优点；第三，“我不行你也不行”，只看到自己和别人的缺点，看不到自己和别人的优点；第四，“你行我也行”，既能看到别人和自己的优点，也能看到别人和自己的缺点。在这四种认知模式中，只有“你行我也行”才是健康的认知模式，必须树立起这样的认知模式。同时，在学校、教师、辅导员、家长、亲友等多方的教育和帮助下，认识到“艰难困苦，玉汝于成”，以坚忍不拔的毅力、乐观进取的态度、执着顽强的努力面对生活和学习。

（二）培养辩证思维方式

高职院校学生要学会辩证思维方式。辩证思维方式既包括系统思维方式，防止和克服孤立、静止、片面地看问题，对实践中出现的新情况，能用发展变化的观点思考、认识问题，善于应变并作出正确反应；又包括联系发展的思维方式，世界万物都处于普遍联系之中，这些联系既有横向联系又有纵向联系。横向联系要求横向思维，即把事物放在万事万物的普遍联系和相互作用中去考察，分析其本质规律；纵向联系要求纵向思维，即把事物放在过去、现在、未来的时序中对比分析，考察事物在不同阶段的特点，把握其运动变化发展的规律。此外，它还包括发散性思维方式。发散性思维是指多角度、多方向地思考问题，从多个方面寻找解决问题的答案。这种思维方式要求高职学生跳出头脑中固有的僵化的思维模式和陈旧观念，形成立体思维，表现出丰富的多样性。发散性思维有助于从不同角度思考问题，形成与众不同的独特见解。

系统思维方式、联系发展的思维方式和发散性思维方式是高职学生应该具备的基本辩证思维方式，只有用这样的思维方式分析问题，才能正确对待生活、学习、交往中的成功与失败、顺境与逆境，才能尽快找到解决问题的最佳方法，体验成功，培养学业自信。

（三）正确认识高职教育

高职学生的学业自信与“高等职业教育”本身有着密切的联系，对于高职教育是否属于高等教育、高职学生是不是大学生、接受高职教育的前途如何等问题，高职学生并没有准确的认识。因此，要培养高职学生的学业自信就要正确认识这些问题。

一是要正确认识高等职业教育的内涵。高等职业教育是一个具有中国特色的概念体系，其实质应为“高等教育”和“职业教育”两个概念的复合。我国的高等职业教育，从类型上看，属于高等教育范畴，是我国高等教育的重要组成部分；从培养目标上看，属于职业教育范畴，是职业教育体系中的高层次。也就是说，高等职业教育在类型上属于高等教育，在体系上属于职业教育，它并不是低水平、低层次的教育。在金字塔形的社会人才结构模型中，技术技能型人才的社会需求量是巨大的。在实践中，无论从联合国教科文组织颁布的《国际教育标准分类法》，还是从我国高等教育的实际情况来看，高职教育都是高等教育的重要组成部分，是不容置疑的事实。

二是要正确对待职业与学业的关系。从人的一生来看，学业与职业不存在绝对的分割关系，学业是职业的前提和基础，职业是学业的发展和应用。普通高等教育和高等职业教育从根本上都属于职业前教育，普通大学生、高职学生的学习目的最终都在于将来的“应用”。普通大学生即使以后继续接受研究生教育，最终还是要走上社会从事职业，并以职业为实现人生价值的主要方式。高职学生要树立正确的人生观、价值观、职业观，准确认识这一形势，正确看待学业与职业的关系，这样才能进一步强化学业自信。

三是要正确认识高职教育的个体发展价值。高职教育在具备强大社会价值的同时，对高职学生的个人发展具有以下几个方面的价值：高职教育着眼于人一生中最有意义的职业发展，以适当的形式和方法，帮助人在一生中保持其掌握的专业理论知识和技能的连续性、适应性和前瞻性；高职教育承认个性的差异性，更承认人的个性差异无贵贱之分，倡导每个学生的个性都应当受到尊重，任何一个学生都不会因为学习上某一方面的挫折或不具备某一方面的才能而被忽视，以至于其他才能也得不到重视和肯定；高职教育探寻和开发个体的特殊潜能，一旦个体找到并进入与自身个性相宜的职业发展轨道，就如鱼得水，天赋潜能必然得到最大程度的发挥；高职教育尊重职业本身的个人价值和社会价值，它提倡职业不仅是个人的谋生手段，而且是个人作为有理性的生命个体的尊严和精神需要得到满足的基本途径，也是整个社会有序运行、社会产品（物质的和精神的）的质和量不断提升的前提。

从这四个方面来看，高职学生只要能正确认识高职教育，树立正确的人才观、职业观，完全有自信成为社会所急需的高素质技术技能型人才。

思考与练习

长期以来，社会对“211”“985”高校的竭力宣传与推崇，考生及家长对“上好大学、找好工作”的价值误判，导致了高职教育总是被误解。随着国家对职业教育的不断重视、高职院校办学质量的不断提高和经济社会对高职教育的不断认可，高职学生应该有来自自身的底气和自信。请结合身边人、身边事，谈谈你认为高职学生的底气和自信来自哪里。

第四节　学业规划路径

案例导入

板寸短发、白衣黑裤，日常生活中的宋玺一身休闲打扮，一副学生模样，很难想象她荷枪实弹时英姿飒爽的特种兵形象。2018 年北大校庆前夕，习近平总书记在参加师生座谈会时称赞她道："你如同《红海行动》中的那位女兵。"

来自山西的宋玺是一名"90 后"，2012 年进入北大心理与认知科学学院学习。在大学学习期间，她曾作为北京大学学生合唱团领唱，在第八届世界合唱比赛中为中国赢得两枚金牌。同时，她的从军梦并没有因为进入大学而被浇灭，反而愈发坚定。回想起进入新兵连的第一天，宋玺难掩激动："早就听说了有'两栖霸王花'之称的海军陆战队女子两栖侦察队。"她暗自下定决心，自己也要成为这样一朵"霸王花"，绽放在祖国最需要的地方。为了这个目标，她制订了全面而又严苛的训练计划。五公里越野、攀爬铁丝网、实弹射击……每一样都不落下。后来她以优异的成绩进入海军陆战队，也成为一朵铿锵不屈的"两栖霸王花"。

在两年的从军生涯中，宋玺作为唯一的女陆战队员，随中国海军第二十五批护航编队赴亚丁湾、索马里执行护航任务，足迹遍及南海群岛、亚丁湾等地。

如今的宋玺，是北京大学的一名专职辅导员，在她的青春华章里，每一次着笔都是浓墨重彩，书写在祖国的大地上。她常常告诉学生们，要将个人发展与国家、社会的需求相结合，敢作敢为、勇于追梦，将火热青春融入时代洪流。

启示

宋玺的学业规划对你有什么启发？这是一个创造梦想、成就梦想的时代。新时代的舞台上处处刻印着青年奋斗的脚步，洋溢着青春火热的激情。无论你在祖国的哪个角落、从事什么样的工作，只要把理想和抱负熔铸在脚踏实地的前进征程中，就能让青年理想与历史使命同频共振，奏响属于你的时代乐章。

一、学业规划的定义

学业规划是指学生依据自身的特点、兴趣及学业前景确定自己的学业目标，按照一定的原则、方法、步骤制定在校学习阶段的目标和实施方法的过程。学业规划是顺应学生学业发展需求而产生的，大学生进行学业规划具有很强的实践和理论意义，具体如下。

第一，学业规划有利于大学生正确认识自我，明确奋斗目标，增强生活与学习的主动性。一份有效的学业规划，能够引导学生认识自身的个性特质、现有的及潜在的资源优势，评估个人目标与现状之间的距离，树立明确的学业发展目标与未来职业理想，学会运用科学有效的方法，采取切实可行的措施，由“要我学”变为“我要学”，不断增强自己的学业竞争力，最终实现学业目标与职业理想。

第二，学业规划有利于大学生更好地完成学业，提升自己的能力和综合素质，提高就业竞争力，顺利实现就业。大学生大多有较高的就业期望值，独立意识强，但有一些学生的自律能力较弱，学习主动性和自觉性欠佳。因此，科学制定学业规划，能有效约束和激励自己，清楚将来要达到什么样的目标以及现在应该做什么，以便顺利完成自己的学业。

第三，学业规划有利于帮助新生度过适应期。进入大学后，学校的管理模式发生改变，教学方式灵活自由，大学生自主学习的时间增多，需要通过一段时间来适应新的生活与学习模式。此时，制定学业规划，有助于大学生缩短适应时间，避免进入松懈状态，尽早开始有目标、有计划的大学生活，有助于晋升、晋级、生活、家庭、事业等方面的发展，以免贻误了自己的事业和前程。

二、学业规划的特点及制定原则

对于大学生来讲，学业规划有如下特点。

（一）独特性

每个人的生涯发展都是独一无二的，学业规划也是如此。学业生涯是学生依据自己的人生理想，为自我实现而逐渐展开的一种独特的学习历程。不同的学生有不同的学业生涯，这是因为他们的学业规划往往是不同的。

（二）发展性

学生在校学习的不同阶段会有不同的要求，这些要求会不断地发展与变化，学业规划也应随之发展与变化。

（三）综合性

学业规划以学生角色的发展为主轴，也包括其他与学习有关的角色，如公民、子女等涵盖人生整体发展的各个层面的各种角色。

对于大学生来讲，制定学业规划应遵循如下原则。

（一）可行性原则

学业规划是针对学生的实际制定的，应切实可行，具有现实性、可能性和可操作性，每个阶段的目标以及达到目标的方法应力求科学、合理，是经过努力能够实现的。

（二）可调节原则

学业规划具有发展性的特点，不是孤立的、静止的，应该根据社会需求发展变化与学生个体主观条件的变化随时修正，比如在阶段性目标上，可以根据实际进展，酌情提高或降低目标。

（三）最优化原则

应力求做到身心和谐，使个人的性格、兴趣、知识和能力等与目标和谐统一，实现优化组合。

（四）共性与个性相结合原则

学业规划既要反映学生发展的共性问题，又要满足学生的各种需求，有效地培养和发展学生的兴趣、爱好、特长，使学生的禀赋和个性潜能得到充分发展。

三、高职学生的学业规划阶段

大学生活通常都是从学业规划开始的。高职学生应根据自身情况，分析现有条件和制约因素，通过解决学什么、怎么学、什么时候学等问题，以确保自己顺利完成学业，为成功实现就业打好基础。对刚入校的新生来说，只有及早制定自己的学业规划，明确努力方向，全面提高素质，才能在将来激烈的竞争中把握机会，获得成功。高职学生的学业规划一般分为三个阶段。

（一）第一阶段——大学一年级

适应新环境，正确评估自己，为后续阶段打下坚实的基础。学校在这个阶段一般会开展大学生活认知教育、入学素养教育、心理健康教育、发展目标教育、专业思想教育、国防教育等。学生在教师与辅导员的指导和帮助下全面分析自己，确定学习目标。同学们在这个阶段要尽快熟悉环境，认识教师，结交朋友，建立新的人际关系，积极参加各种社团活动，提高人际沟通能力，提高文明素养。同时，要尽快完成学习观念和学习方法的转变，摆脱中学阶段形成的对家长、老师的依赖心理，培养自主学习能力，养成以创造性学习为主导、接受型学习与创造型学习相结合的学习习惯。

在大学一年级，同学们应主动学习计算机、英语等基本技能知识，注重人文素质的培养，使自己具有更高的思想境界、道德情操和更强的社会责任心。

（二）第二阶段——大学二年级

认真学习专业知识，培养实践能力和创新能力。学校在这个阶段会开设主要的专业技能课，同学们应结合社会需求，注重专业知识的学习，培养自己的专业技能；根据高职教育的特点，加强实践能力的培养，通过校内外各种实践活动，全面锻炼自己，提高综合素质。参加实践活动有利于同学们融入社会，发现自己的优势与劣势，分析成功的原因，保持优势；或者找出失败的原因，不断改进。

在这个阶段，同学们应注重培养自己的创新能力、组织管理与社会活动能力、沟通能力及团队协作精神，尽可能全方位地展示自己的才能。对于基础知识的掌握，在这个阶段应继续向深度和广度两个方向努力拓展，并应注意随时了解本专业科学技术发展的前沿和方向。

（三）第三阶段——大学三年级

积极完成实习任务与毕业设计，培养就业能力和创业能力。同学们在大学三年级要到企业生产岗位进行体验性实习和顶岗锻炼。实习期间，应认真接受学校指导教师的辅导和实习单位经验丰富的技术人员与工人师傅的现场指导，从而完成实习计划，为毕业后迅速适应工作打下基础。

在这个时期，同学们要重视培养就业能力与技巧。通过实习，从宏观上了解企业的运作模式、工作流程，从微观上明确个人的岗位职责与规范。实习是一次全面接触社会的好机会，可以在生产实践中运用和检验在学校所学的理论知识，还能学到书本上没有的知识，深化对理论知识的认识，进一步提升自身的专业技能。同时，把实习作为一个深入了解社会的过程，预演毕业后走上社会的角色转变，了解学校对学生的要求与单位对员工的要求的区别，掌握更多的社会知识，完善为人处世的方法与技巧。同学们在实习过程中要不断学习、总结、体会、探索，完善自己的知识结构。同时，拓宽求职信息渠道，积极搜集工作信息，掌握个人简历、求职信的写法及其写作技巧，掌握面试要点和面试技巧，积极参加招聘活动，提高求职技能。

四、高职学生学业规划的制定步骤

（一）制定学业规划

1．分析自己的兴趣爱好，明确自己想从事的工作

兴趣是理想产生的基础，认真细致地分析自己的兴趣与爱好，有助于选择适合自己的专业方向和研究领域，发挥所长。

2．分析自己的能力、特长，明确自己能干什么

能力既是人的综合素质在现实行动中的表现，又是成就人生价值的一种主导性力量，任何职业都要求从业者掌握一定的技能。所以，要在认定自己想干什么的基础上，明确自己已经具备的能力和需要培养的能力。

3．分析未来，把握社会需求

同学们要着眼于将来，关注社会不断发展变化的趋势，立足于未来的需求，不盲目跟风，选择社会需要又最适合发挥自身优势的专业方向和研究领域才是最好的。

找出自己想干什么、能干什么与社会要求自己干什么的结合点，正是同学们学业规划的关键所在。

（二）细化学业规划

在学业总目标确定后，需要逐步分解学习目标。一般情况下可遵循以下思路进行分解：三年学习的总目标——一年的学习目标——一个学期的学习目标——一个月的学习目标——一周的学习目标——一天的学习目标。这样才能使总的学业规划落实到学习生活的每一天，确保有条不紊地实现学业目标。

由于现实环境中多种不确定性因素的存在，所以学业规划要具有一定的弹性，要定期评估与反馈，分析存在的问题，及时修正学业目标，变更实施措施。

案例分析

小笙的大学三年学业规划

基本情况：小笙，女，学前教育专业

大学三年学业规划

时间		具体安排
大一	在校期间	1．尽快适应大学生活，培养自主学习能力； 2．初步了解学前教育的全部课程，并对照学校人才培养方案要求，查找差距； 3．专业课程学期平均分达到 85 分以上，努力学习普通话等相关知识，提高英语水平； 4．选择自己感兴趣的社团，如演讲与口才、社交礼仪等； 5．考取普通话二乙以上证书
	放假期间	寒假：参观一所幼儿园。 暑假：研究幼儿园招聘岗位设置及对人才招聘的要求，准备大学英语四级考试（CET-4）
大二	在校期间	1．增加对专业的学习兴趣，学好专业必修课； 2．考取舞蹈相关等级证书； 2．争取大二下学期通过 CET-4； 4．熟练掌握常用的办公软件，如 Word、PPT、Excel 等； 5．拓展专业相关知识，积极参与校内各类比赛
	放假期间	寒假：进入幼儿园实习。 暑假：继续幼儿园实习，准备幼儿教师资格证考试
大三	在校期间	1．完成校内课程，反思实践差距，寻找知识突破口； 2．搜集各种相关职业信息，为就业或创业做准备； 3．积极参加幼儿园实习，锻炼自己的实际工作能力； 4．学会制作个人简历与撰写求职信，进行面试训练，锻炼求职与应聘能力； 5．理论联系实际，完成毕业设计
	寒假	利用寒假梳理自己的三年积累，准备下学期的顶岗实习

高职学生学业规划的制定要紧密结合高职专业人才培养目标，在全面分析自身情况

和学习能力的基础上，有针对性地提出具体的阶段性目标，并力求通过努力达成目标。

思考与练习

我的学业规划

依据自己的兴趣爱好、能力和特长以及所需专业，制定高职三年的学业规划。

第一年的学业规划：

____

____

____

第二年的学业规划：

____

____

____

第三年的学业规划：

____

____

____

第二章　自我认知

思政目标

- 摒弃不当认知行为的目的性和功利性
- 加强自身职业素质，树立正确的就业观、世界观、人生观和价值观

学习目标

- 认识自我，明确自己的职业方向
- 分析自己的兴趣、明确自身的优劣势，积极应对就业环境

第一节　职业兴趣

案例导入

张庭从小就对机械比较感兴趣，高中时打算报考机械设计相关专业。由于高考成绩不太理想，经过考虑，他选择到某机械类高职学院学习，以实现自己的机械师梦想。毕业后，由于城镇发展迅速，加上在高职学院学习期间他对机械的热情减弱了，所以张庭决定回家乡寻求发展。然而，小县城的资源相当有限，张庭最拿得出手的挖掘机技术在那儿没有太大的施展空间。经过一段时间的就业徘徊，出于对生存和生活两个方面的考虑，张庭接受了高中同学的邀请，到同学开的广告公司从事广告方面的工作。

经过一段时期的发展，张庭在广告行业的工作还算稳定，通过个人的学习和努力，甚至在设计方面有了很大的进步和提升，但是他却开始感到困惑。原来，他一直觉得广告行业不是自己喜欢的工作领域，随着时间的推移，他对自己工作的排斥感越来越强烈。经过对多方因素的衡量，张庭决定改变当前的工作方式和状态，重新寻找一份工作，开启自己喜欢的生活模式。根据对自己压抑状态的分析，张庭觉得从事导游工作是自己喜欢的事，便辞去了工作，投入到考导游证的学习当中。

启示

从案例中可以看出，张庭的职业成长过程比较清晰和单纯，所学专业及从事的工作都不是自己喜欢和擅长的，在一定的环境和条件下，能暂时接受，但时间长了，矛盾就会表现出来。这是为什么呢？经过分析发现，张庭在大学期间对自己了解不够充分，也不知道究竟要怎样去规划自己的职业生涯，从而对工作抱有随遇而安的态度。经过一段

时间的工作接触，才发现问题的症结所在，这种职业成长方式相当被动。

正所谓，亡羊补牢，为时未晚。在这种情况下，张庭需要对自己深刻地进行分析和认识，否则导游工作也会做不长久。现在大学生中，有很大一部分人和张庭一样，对自己的认识处于模糊状态。对于未进入职场的大学生来说，更多的是要未雨绸缪，全面了解自身特点。

“知之者不如好之者，好之者不如乐之者。”——孔子

“兴趣是最好的老师。”——爱因斯坦

兴趣可以为一个人所从事的职业提供持久的动力，是提高工作满意度的重要因素。清楚地了解自己的兴趣所在，对于提高自我认识、进行职业生涯规划具有非常重要的意义。

一、兴趣与职业兴趣

兴趣是人们力求认识和掌握某种事物，并经常参与该项活动的心理倾向。兴趣可以使人适应环境，对生活充满热情；兴趣对一个人所从事的活动起支撑、推动和促进作用；兴趣对丰富知识、开发智力有重要意义；每一次活动的兴趣都是为未来活动做准备。

职业兴趣是兴趣在职业方面的表现，是指人们对某种职业活动或工作所抱有的积极态度，具有比较稳定而持久的心理倾向，使人对某种职业或工作给予优先注意，并向往之。

兴趣和职业兴趣之间既有联系又存在一定的差别，比如，娱乐休闲兴趣只是业余兴趣，不一定能发展成为职业兴趣，但或多或少与职业生涯存在一些联系。

二、兴趣与生涯发展的关系

一个人的兴趣会影响其看人、看世界的角度，使其形成不同的世界观、人生观、价值观。一个人的兴趣特征将决定其交际关系、生活状态、职业选择以及创业成败等。同时，兴趣也决定了我们做人做事的方法，决定了自己的道路和命运。

兴趣是人们获得工作满意度、职业稳定性和职业成就感的重要影响因素，职业兴趣是个人进行职业规划时需要注意的要素之一，兴趣对一个人的个性形成和发展、对一个人的生活和活动均有巨大的影响。

（一）兴趣可开发智力

兴趣具有强大的精神力量，它能够让人集中精力去获取知识，并创造性地开展工作。当一个人对某件事情产生兴趣时，就能激发其整个身心的积极性。古今中外，众多著名的科学家与艺术家在事业上的成功，就源于他们创造性的兴趣以及他们对事业的责任感。这二者相结合并凝聚成强大的力量，推动他们通过努力去获得成功。

（二）兴趣可提高工作效率

研究数据表明，当一个人对某项工作产生兴趣时，他就能发挥出 80%～90%的才能，并且能够保持长时间高效率工作而不觉疲倦；相反，对工作没有兴趣的人，最多只能发

挥出 20%～30%的才能，并且容易觉得疲劳。

（三）兴趣是行动的动力

发明家爱迪生曾经在学校被人骂为“低能儿”“傻瓜”，并被勒令退学，但他却在发明的世界里展示出异常的聪明和敏锐。达尔文小时候整天玩弄小动物，他的父亲对他失望至极，最后他却成为进化论的创始人。因为兴趣，他们从“愚蠢”逐渐变得聪明了。所以，一个人对工作越感兴趣，就会越具钻研精神，而这种精神在一定程度上能引领他们走向成功。

兴趣是一种无形的动力，每个人都会对感兴趣的事物给予优先注意和进行积极探索，并表现出心驰神往。职业兴趣是一个人对待工作的态度，对工作的适应能力，表现为有从事相关工作的愿望和兴趣，拥有职业兴趣将增加个人的工作满意度、职业稳定性和职业成就感。

三、霍兰德职业兴趣理论

20 世纪 60 年代，美国著名职业指导专家霍兰德（J. Holland）在帕森斯观点的基础上，提出了职业兴趣理论，使职业与兴趣具有了更为直接的关联。根据霍兰德职业兴趣分类方法，职业兴趣可分为六种人格类型：现实型（R）、研究型（I）、艺术型（A）、社会型（S）、企业型（E）、常规型（C）。不同人格类型及对应的职业偏好如下。

人格——职业类型匹配

人格类型	基本倾向	偏好
现实型（R）	喜欢以物、机械、动物、工作等为对象，从事有规则的、明确的、有序的、系统的活动	适合从事以机械和物为对象的技能性和技术性职业
研究型（I）	分析型的、智慧的、有探究心的和内省的，喜欢根据观察而对物理的、生物的、文化的现象进行抽象的、创造性的研究活动	适合从事智力的、抽象的、分析的、独立的、带有研究性质的职业活动，诸如科学家、医生、工程师等
艺术型（A）	具有想象、冲动、直觉、无秩序、情绪化、理想化、有创意、不重实际等特点，他们喜欢艺术性的职业环境，也具备语言、美术、音乐、演艺等方面的艺术能力，擅长以形态和语言来创作艺术作品，而对事务性的工作则难以胜任	适合从事文学创作、音乐、美术、演艺等职业
社会型（S）	合作、友善、助人、负责任、圆滑、善于社交言谈、善解人意等，喜欢社会交往，关心社会问题，具有教育能力和善于与人相处等人际关系方面的能力	适合从事教师、公务员、咨询员、社会工作者等以与人接触为中心的社会服务型工作
企业型（E）	喜欢冒险、精力充沛、善于社交、自信心强，强烈关注目标的追求，喜欢从事为获得利益而操纵、驱动他人的活动，具备优秀的主导性和说服人、接触人的能力	适合从事领导工作或企业经营管理的职业
常规型（C）	顺从、谨慎、保守、实际、稳重、有效率、善于自我控制，喜欢从事记录、整理档案资料、操作办公机械、处理数据资料等有系统、有条理的活动，具备文书、算术等能力	典型职业包括事务员、会计师、银行职员等

霍兰德提出了职业兴趣探索霍兰德论（Holland’s typology），即职业选择是个人人格的延伸和表现，人格与职业均划分为不同的类型，当属于某一类型的人选择了相应类型的职业时，即达到了匹配。霍兰德认为，大多数人的人格特质可以归纳为六种类型，同一类型的职业通常会吸引相同人格特质的人，从而产生特定的职业氛围、价值观念、态度倾向、行为模式；工作环境也可以分为六种类型，与人格类型的分类一致；个人人格类型和职业环境之间的适配将增加个人的工作满意度、职业稳定性和职业成就感。

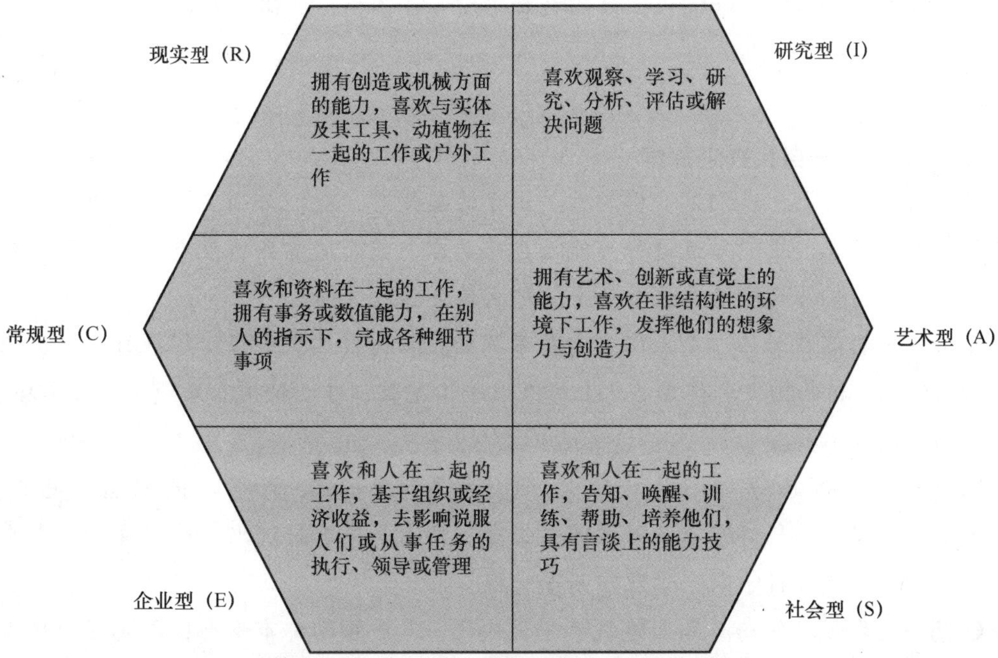

六种类型的人格及其对应的职业兴趣

人们通常倾向选择与自我兴趣类型匹配的职业环境。由于兴趣爱好不同，所以人的职业兴趣也有很大的差异，职业兴趣对职业选择和职业发展都有一定的影响，兴趣与工作满意度、职业稳定性和职业成就感之间都存在着明显的关联。

四、兴趣决定你愿意做什么

兴趣往往决定了一个人愿意做什么。如果对自己的职业没有兴趣，就会缺乏工作的主动性和创造性，缺乏追求职业成就的热情。因此，兴趣的发展一般会经历有趣、乐趣、志趣三个阶段。对于职业活动，往往从有趣的选择，逐渐产生工作乐趣，进而与奋斗目标和工作志向相结合，发展成为志趣，表现出方向性和意志性的特点，使人坚定地追求某种职业，并为之尽心尽力。兴趣对职业生涯规划的影响表现在：兴趣是职业生涯选择的重要依据；能够提高个体的工作效率，充分发挥才能；是保证个体职业稳定、职场成功的重要因素。

职业兴趣是以一定的素质为前提，在生涯实践过程中逐渐发生和发展起来的。职业兴趣影响人们对职业的选择，它能够开发个体的潜力，促进个体的进步，能够使人更快地熟悉并适应职业环境和职业角色。

职业兴趣的形成与个人的个性、自身能力、实践活动、客观环境和所处的历史条件有密切的关系。因此，职业规划对兴趣的探讨不能孤立进行，应当结合个人、家庭、社会的因素来考虑。了解这些因素，从而有利于深入认识自己，进行职业规划。

思考与练习

1. 兴趣岛——自我兴趣探索

在苍茫的大海上，我们是一群游客。由于轮船搁浅，我们必须上岛。对于未来是否有搜救的船只过来，我们知道这种可能性几乎是零，因而这些岛屿很有可能就是我们度过余生的地方。如果只能待在这个岛上，那么你会如何选择？

R 岛——自然原始岛。岛上保留着热带原始植物，自然生态保持得很好，也有相当规模的动物园、植物园、水族馆。岛上居民以手工见长，自己种植瓜果蔬菜、修缮房屋、打造器物、制作工具。

I 岛——沉思冥想岛。岛上人迹较少，建筑物多僻处一隅，平畴绿野，适合夜观星象。岛上有多处天文馆、科博馆以及科学图书馆等。岛上居民喜好沉思、追求真知，喜欢和来自各地的哲学家、科学家、心理学家等交换心得。

C 岛——现代井然岛。岛上建筑十分现代化，是进步的都市形态，以完善的户政管理、地政管理、金融管理见长。岛民个性冷静保守，处事有条不紊，善于组织规划。

A 岛——美丽浪漫岛。岛上有美术馆、音乐厅，弥漫着浓厚的艺术文化气息。同时，当地的原住民还保留了传统的舞蹈、音乐与绘画，许多文艺界的朋友都喜欢来这里找寻灵感。

E 岛——显赫富庶岛。岛上居民热情豪爽，善于企业经营和贸易。岛上经济高度发达，处处是高级饭店、俱乐部、高尔夫球场。来往者多是企业家、经理人、政治家、律师等，衣香鬓影，夜夜笙歌。

S 岛——温暖友善岛。岛上居民个性温和、十分友善、乐于助人，社区均自成密切互动的服务网络，人们互助合作，重视教育，弦歌不辍，充满人文气息。

你总共有 15 秒时间回答以下问题：

（1）如果你必须在六个岛中的一个岛上度过余生，成为其中一员，你第一会选择哪一个岛？

（2）你第二会选择哪一个岛？

（3）你第三会选择哪一个岛？

（4）你绝对不愿意选择哪一个岛？

依次记下答案，并与结果进行比对。

六个岛屿代表六种典型的职业生涯兴趣类型：第一个是主要兴趣，第二、三个是辅助兴趣。

选择R岛——类型：实用型（Realistic）

喜欢的活动：愿意从事事务性的工作，喜欢户外活动或操作机器，而不喜欢在办公室工作。

喜欢的职业：制造业、渔业、野外生活管理业、技术贸易业、机械业、农业、技术、林业、特种工程师和军事工作。

选择I岛——类型：研究型（Investigative）

喜欢的活动：处理信息（观点、理论），喜欢探索、理解和研究需要分析、思考的抽象问题，喜欢独立工作。

喜欢的职业：实验室工作人员、生物学家、化学家、社会学家、工程设计师、物理学家和程序设计员。

选择C岛——类型：常规型（Conventional）

喜欢的活动：组织和处理数据，喜欢固定的、有秩序的工作或活动，希望确切地知道工作的要求和标准，愿意在大机构中处于从属地位。

喜欢的职业：会计师、银行出纳、簿记、行政助理、秘书、档案文书、税务专家和计算机操作员。

选择A岛——类型：艺术型（Artistic）

喜欢的活动：创造，喜欢自我表达，喜欢写作、音乐、艺术和戏剧。

喜欢的职业：作家、艺术家、音乐家、诗人、漫画家、演员、戏剧导演、作曲家、乐队指挥和室内装潢人员。

选择E岛——类型：企业型（Enterprising）

喜欢的活动：喜欢领导和影响别人，或为了达到个人或组织的目的而善于说服别人，希望成就一番事业。

喜欢的职业：商业管理、律师、政治运动领袖、营销人员、市场或销售经理、公关人员、采购员、投资商、电视制片人和保险代理。

选择S岛——类型：社会型（Social）

喜欢的活动：帮助别人，喜欢与人合作，热情关心他人的幸福，愿意帮助他人解决困难。

喜欢的职业：教师、社会工作者、牧师、心理咨询员、服务性行业人员。

如何正确对待测验结果：

进行测验以后，人们通常倾向选择与自己兴趣类型匹配的职业。其实个人并非一定要选择与自己兴趣完全对应的职业环境。在评价自己的兴趣类型时应以六大类型中前三位的类型为标准。此外，我们要知道，兴趣虽然与能力有密切关系，但是兴趣测试的分数并不代表能力的高低。

2．思考并回答问题

你的兴趣是什么？你曾经想成为什么样的人？你对哪些知识比较有感觉，并能够深入发展下去？

第二节　职业能力

案例导入

杨阳和吴昊是硕士阶段的同学，杨阳认真、冷静、做事有计划，吴昊灵活、圆滑、办事有冲劲。毕业后，俩人同时到南方同一所高校任教，并且还在同一个系。在迎接新教师的座谈会上，院长殷切地希望年轻人树立人生目标并为之奋斗。会后，俩人开玩笑说目标就是当院长，看谁先当上。15 年后，果然有一人当上了院长。你猜，谁当上了院长？

3 年后，吴昊当上了系副主任，杨阳仍是普通老师；15 年后，杨阳当上了院长，吴昊仍然是一名副主任。实际情况是杨阳自立下目标便制定了职业生涯规划。头 3 年，注重教学，第 4～8 年准备考博士并就读博士，第 9～12 年潜心做研究，成为知名学者，从第 13 年起，他不仅教学、科研成绩突出，还特别注重加强各方面人际关系的建立。第 15 年老院长退休，同事们不约而同地举荐杨阳接班。而吴昊一开始关注仕途，3 年就当上了系副主任，但教学水平一般，科研也无成果，压力很大。后来又跟着下海潮先和朋友合伙开餐厅，后开面粉厂、美容院、服装店，可干一样亏一样，4 年后他才发现自己不适合经商，重新回到教学、科研上，可这时的他与杨阳已经拉开了差距。

启示

杨阳与吴昊处在同一起跑线上，有着一致的目标，但最终结果却相距甚远，根本原因在于吴昊没有根据自己的兴趣和能力制定合理的职业发展规划。

能力是目前用人单位对求职者最感兴趣的部分，在职场中我们可以把能力看作自身的资产与本钱。能力的大小决定着我们胜任工作的程度。

一、能力和职业能力

能力是指一个人能够顺利有效地完成某项活动所必须具备的心理条件，它是人格的一种心理特征。能力直接影响活动的效率，是活动能否顺利完成的最重要的内在因素。

在心理学上，能力是个性心理特征之一。能力一般是指某一种心理特征，如记忆能力、注意力分配能力等。作为一种心理特征，能力总是要实现在相应的活动中，只有从一个人所从事的某种活动中，才能看出他具有的某种能力，能力的大小也只有在活动中才能比较。如果一个人不参加某种活动，没有实践的机会，就难以确定他具有什么能力。

在个性心理特征中，只有那些直接影响活动效率，使活动任务能够顺利完成的因素，才能称为能力。成功完成某种活动，受多种主观心理因素的影响，如兴趣爱好、知识经验、性格特征等，但这些因素都不直接有效地影响活动的效率，不直接决定活动的完成。而只有能力才有这种作用，它是完成某种活动所必备的心理特征。

哈佛大学教授加德纳的研究表明，人类至少有 7 种不同的智能，即语言智能、数学逻辑智能、空间智能、音乐智能、身体运动智能、人际关系智能、自我认知智能。

职业能力就是指在从事某项职业活动中必须具备的各种能力。如果说职业兴趣能决定一个人的择业方向以及在该方面所乐于付出努力的程度，那么职业能力能说明一个人在既定的职业方面是否能够胜任，也能说明一个人在该职业中取得成功的可能性。由于职业能力是多种能力的综合，所以，我们可以把职业能力分为一般职业能力、专业能力和职业综合能力。

（一）一般职业能力

一般职业能力主要是指一般的学习能力、文字和语言运用能力、数学运用能力、空间判断能力、形体知觉能力、颜色分辨能力、手的灵巧度、手眼协调能力等。此外，任何职业岗位的工作都需要与人打交道，因此，人际交往能力、团队协作能力、对环境的适应能力，以及遇到挫折时良好的心理承受能力，都是我们在职业活动中不可缺少的能力。

（二）专业能力

专业能力主要是指从事某一职业的专业能力。在求职过程中，招聘方最关注的就是求职者是否具备胜任其岗位工作的专业能力。例如，去应聘教学工作岗位，对方最看重你是否具备最基本的教学能力。

（三）职业综合能力

这里主要介绍国际上普遍注重培养的“关键能力”，主要包括四个方面。

1．跨职业的专业能力

一是运用数学和测量方法的能力；二是计算机应用能力；三是运用外语解决技术问题和进行交流的能力。

2．方法能力

一是信息收集和筛选能力；二是掌握制订工作计划、独立决策和实施的能力；三是具备准确的自我评价能力和接受他人评价的承受力，并能够从成败经历中有效地吸取经验教训。

3．社会能力

社会能力主要是指一个人的团队协作能力、人际交往和与人沟通的能力。在工作中能够协同他人共同完成工作，对他人公正宽容，具有准确裁定事物的判断力和自律能力等，这是岗位胜任和在工作中开拓进取的重要条件。

4．个人能力

随着我国经济体制改革的深入、法制的不断健全完善，人的社会责任心和诚信将越来越被重视，职业道德会越来越受到社会的尊重和赞赏，爱岗敬业、工作负责、注重细节的职业人格将会得到社会的肯定和推崇。

如商务经理的职业对个人的领导才能、协作技巧要求比较高；会计的职业强调数学才能、沟通技巧；教师的职业强调沟通技巧、表达和创新能力；记者的职业强调沟通技巧、计算机技能；工程师的职业强调数学才能、分析能力；市场营销人员的职业强调推销技巧、研究能力；律师的职业强调行政管理才能、沟通技巧。

二、能力和生涯发展的关系

人的能力是在活动中形成并逐渐发展起来的，它存在个体差异并具体体现在活动中。在对个体的工作适应问题进行多年研究后，心理学家罗圭斯特与戴维斯提出了明尼苏达工作适应论。他们认为：当工作环境能够满足个人需求时，个人会感到“内在满意”；而当个人能够满足工作的要求时，个人会感到“外在满意”（即令自己的雇主、同事感到满意）；当个人能够同时达到内在与外在满意时，个人与环境之间的关系就会相对协调，个人的工作满意度就会较高，在该工作领域也能持久发展。

而在对“内在满意”和“外在满意”这两个指标的衡量当中，能力都占有很重要的地位。每个人都有不同的能力倾向，充分挖掘自己的能力，在合适的职业上发挥自己的天赋，将会事半功倍。如编辑工作者需要坚实的文字表达能力，营销策划人员需要敏锐的市场信息判断能力，公关职业人员需要良好的人际交往能力，一定的职业能力是从事某种职业活动必需的条件和保证。如短跑运动员必须具备良好的步伐和步频能力，如果不具备该条件，就很难成为一名专业的短跑运动员。但是当不成一名合格的短跑运动员，却具备从事财务活动的有利条件，拥有敏锐的数字判断力、良好的财务分析力，这些能力能够使其顺利有效地完成财务工作。

三、如何培养职业能力

自我能力可以通过可衡量的业绩、其他人（老师、领导或雇主、同学）的反馈（认可、称赞）以及通过“职业能力测量”来发展，而职业能力却是培养出来的。

（一）知识的学习

知识的学习是职业能力形成和发展的第一个阶段，在这个阶段中，新信息进入短时记忆，与来自长时记忆的原有知识建立一定的联系，并纳入原有的命题网络，从而得到理解。个体通过类属、归纳及其并列结合等内在同化过程获得知识，并且运用记忆规律促进知识的保持，用所学知识解决类似或同类课题，做到了知识的迁移。

（二）技能的学习

技能是指个体在特定目标指引下，通过练习而逐渐熟练掌握的、对已有知识经验加以运用的操作程序。技能的学习要以程序性知识的掌握为前提，一般通过感性认识（看或听）、模仿（学习）、练习反馈等过程由不会到会再到熟练，从而达到自动化的定型。

（三）态度的培养

个体对职业不同的态度决定着个体不同的认识和情感，而且还会影响个体在职业中的不同表现，态度不是先天就有的，而是社会性学习的结果。在家庭、社会和学校等不同情境的作用下，通过他人的社会示范、指示或忠告，将社会的要求内化为自己的态度，并在一定条件下产生迁移和改变。

（四）知识、技能、态度的内化迁移与整合

知识、技能、态度等的习得或应用，并不等于已具备了职业能力。职业能力的形成和发展，必须参与特定的职业活动或模拟的职业情境，通过对已有的知识、技能、态度等的类化迁移，并得到特殊的发展与整合，从而才能形成职业能力。

四、大学生应具备的主要核心能力

（一）适应能力

适应能力是一个人综合素质的反映，是与个人的思想品德、知识技能、创造能力等密切相关的。一个适应能力比较强的人能够很快适应新的环境，即使是在比较困难的情况下，也能够变不利因素为有利因素，取得事业上的成功。

（二）交往能力

交往能力是人们实践经验的结晶，在教科书上是学不到的。因此，要培养自己的交往能力，就要大胆参与各种交流、交往，培养自己与他人在心理方面的相容、交往时的诚实守信以及人格之间的平等等心理品质。

（三）管理能力

每个人在工作中都会不同程度地运用管理能力，这是现代社会对人才的新要求。在大学生活期间，培养自己的组织管理能力应注意两点：一是要学会抓住机会锻炼自己；二是要注意用心向他人学习，以他人之长补己之短。

（四）表达能力

表达能力主要包括口头表达能力、文字表达能力、数字表达能力、图表表达能力等。主要应把握以下几点：首先，要敢于说，这是练好口才的前提；其次，要做到有话可说（知识面），这是练好口才的基础；最后，要善于谈话，这是练好口才的关键。文字表达能力也是各种高级专业人才必备的基本素质，而当前大学毕业生的文字表达能力整体欠佳，这与部分高校的课程设置与培养模式的不尽完善有关。因此，在校生应该抓紧时间去研读有关的著作和范文，多做练习，以便让自己的文字表达能力得到锻炼和提高。

（五）动手能力

动手能力是将知识转化为物质的重要保证，是高级专业人才所必备的一项实践技能。对毕业生而言，无论今后是从事教学、科研工作，还是在生产第一线从事技术管理工作，动手能力的强弱都将直接影响自身能力的发挥程度。因此，大学生应克服重理论轻实践的倾向，做到基础理论扎实、实际动手能力强。

（六）创新能力

创新能力是各种智力因素和能力品质在新的层面上融为一体、有机结合后所形成的一种合力。培养创新能力要注意积累知识、增强才干，同时注意想象力和发散思维的培养。

（七）竞争能力

在现代社会，竞争能力是人们顺利完成某项活动所必备的一种心理特征，因而，也成为人类所追求的一种能力品质。对于当代大学生来说，竞争能力的培养尤为重要。在培养竞争能力的时候，应注意以下三点：一要意识到竞争能力是自身发展和社会发展的需要；二要意识到竞争是实力的展示，只有掌握较多的技能、善于把握时机、敢于展示自己，才会在竞争中取胜；三要意识到竞争实际上是对人格的考验，必须在竞争中保持健康的心态。

（八）决策能力

决策能力是人们在面临多项选择时及时、果断地做出选择的一种能力，它可以使人以较少的付出获得较大的收获。培养决策能力要注意三点：一是克服从众心理；二是增强自信心；三是注意把握全局。

（九）沟通能力

现代社会的进步和科学技术的发展，要求每个出色的社会成员必须具备较强的沟通能力。这是因为，作为单个的人已不可能再像过去那样独立完成任何工作或研究课题。培养沟通能力需要自信和技巧，应注意以下三点：一是要注意沟通中双方的互惠；二是要学会站在对方的立场看问题；三是要积极在矛盾和冲突中找到共同点。沟通要特别注意避免以下七个过失：一是对别人的任意评价；二是不恰当的询问；三是命令的语气；四是威胁的话语；五是模棱两可的观点；六是注意力不集中；七是言不由衷。

（十）合作能力

合作是生活和工作中必不可少的一项内容。只有取长补短地发挥大多数人的相对长处，才会在有限的生命中创造更多的价值，尤其是在当今竞争日益激烈的时代，团队合作完成一项工作是很常见的。团队强调的是协同工作，所以团队的工作氛围很重要，它直接影响团队的合作能力。没有完美的个人，只有无敌的团队。在一个团队中，每个成员都有自己的优点和缺点。只有团队中的个人能力取长补短，相互协作，才能造就一个好的团队。如果团队的每个成员都主动寻找其他成员的积极品质，那么，团队的协作就会变得很顺畅，工作效率就会提高。

思考与练习

请填写下面的空白（每个空至少填写五个词语），并思考这些特征对你的生涯发展会有怎样的影响。

我是一个________________________________的人；

我愿意与________________________________的人共事。

第三节 职业性格

案例导入

陈乐是新闻专业的毕业生，毕业后在一家报社当记者，其业务能力受到大家的一致认可，但他工作得并不顺心。因为，报社记者出去采访往往是两个人写一篇稿子。陈乐的性格属于九种职业性格中的自我表现型，在 MBTI 性格分类中属于 INFJ 型（内向、直觉、情感、判断型）。基于这种性格类型，陈乐在写稿子的过程中不喜欢与他人合作，而是想让别人服从他的想法，这样就容易与同事产生分歧。他要想继续从事记者工作，该怎么办呢？

启示

从案例可以看出，陈乐的性格更适合从事作家之类的职业，而不是记者。既然他已经选择做记者，就应该往外向、直觉等性格方向培养，努力让自己的性格适合从事该项工作。

在职业心理中，性格影响着一个人对职业的适应性，一定的性格适合从事一定的职业。同时，不同的职业对人也有不同的性格要求，因此，在选择职业时，性格也是一个重要的考虑因素。

一、什么是性格

当有人告诉你，你是一个“活泼”“开朗”“热情”或者“细心”“友善”“文静”的人时，他所描述的这些就是你的“个性”或者“性格”。

性格指由人对客观现实的稳定态度和行为方式中经常表现出来的稳定倾向，它是个性中最重要和显著的心理特征。如有的人总是热情周到，有的人总是沉默寡言。这种对人对己稳定的态度和习惯化的行为方式所表现出来的心理特征，就是这个人的性格。性格的形成是一个长期的、复杂的过程，不仅受遗传因素的影响，也是一个人生活环境和生活经历的综合反映。性格具有一定的稳定性，也就是说，在相近的情形下，人的态度和行为具有一致性。虽然人的本性是比较难改的，但可以在一定程度上改善自己的性格。

二、性格的类型

（一）内向型性格和外向型性格

人的性格与职业具有一定的相关性，不同的职业需要不同的职业个性。比如，司机需要小心谨慎的性格，销售人员需要热情的性格，医生需要胆大心细的性格。按不同的分类方法可以将性格分成不同的类型，其中最基础、最直观、最传统的是瑞士心理学家荣格的划分。他按照个人心理能量倾向，将性格分为内向型性格和外向型性格，并对这两种性格特征及其适合的职业进行了初步的归纳总结，如表所示。

内向型与外向型的性格特征和其适合的职业参考表

性格类型	性格特征	较适合的职业
内向型	感情比较深沉，待人接物小心谨慎，喜欢单独工作，喜欢思考，具有自我分析和自我批判精神，但不善于表达自己的思想、不善于社交、对新环境的适应不够灵活	较适合从事有计划的、稳定的、不需要与人过多交往的职业，如自然科学家、技术人员、会计师、打字员、程序设计员、统计员、资料管理员、一般事务性工作人员
外向型	活泼开朗、善于交际、心直口快、感情外露、待人热情，与人交往时随和、不拘小节，适应环境的能力较强，但注意力不稳定、兴趣容易转移、活动不能持久	较适合从事与外界广泛接触的职业，如管理人员、律师、推销员、警察、记者、教师、人力资源工作者等

提醒：需要注意的是，具有典型外向型性格或典型内向型性格的人并不多，大多数人属于混合型。性格的内向与外向是相对而言的，只有从表现程度来进行比较分析，才有一定的参考意义。

（二）九种典型职业性格

近年来，一些教育学、心理学研究人员根据我国的实际情况，将职业性格总结为九种基本类型，其主要特征及其较适合的职业如表所示。

九种典型职业性格参考表

性格类型	性格特征	较适合的职业
变化型	在新的或意外的活动或工作情境中感到愉快，喜欢多样化的工作，善于转移注意力	记者、推销员、演员等
重复型	适合连续从事同样的工作，按固定的计划或进度办事，喜欢重复的、有规律的、有标准的工作	纺织工、机床工、印刷工、电影放映员等
服从型	愿意配合别人或按别人的指示办事，而不愿意自己独立做决策、担责任	办公室职员、秘书、翻译等
独立型	喜欢计划自己的活动与指导别人活动，喜欢对未来的事情做出决定，在独立负责的工作情境中感到愉快	管理人员、律师、警察、侦察员等
协作型	在与人协同工作时感到愉快，善于引导别人，并想得到同事们的喜欢	社会工作者、咨询人员等
劝服型	通过谈话或写作等方式使别人认同自己的观点，对别人的反应有较强的判断力，善于影响别人的态度和观点	辅导员、行政人员、宣传工作者、作家等
机智型	在紧张和危险的情况下能自我控制与沉着应付，发生意外和差错时能不慌不忙出色地完成任务	驾驶员、飞行员、消防员、救生员等
自我表现型	喜欢表现自己的爱好和个性，根据自己的感情做出选择，通过自己的工作来表现自己的思想	演员、诗人、音乐家、画家等
严谨型	注重工作过程中各个环节与细节的精确性，愿意按一套规划和步骤工作，希望尽可能做得完美，倾向于严格、努力地工作并看到自己出色完成工作的效果	会计、出纳、统计员、校对员、图书档案管理员、打字员等

提醒：绝大部分职业会同时与几种性格类型特点相吻合，而一种性格类型也会同时具有几种职业性格类型的特点。在实际的吻合过程中，应根据个人的性格与职业的要求具体情况具体处理，不能一概而论。

三、性格与生涯发展的关系

美国著名职业生涯指导专家霍兰德将职业选择看作一个人性格的延伸。他认为，职业选择也是性格的表现，个人的性格与职业之间的适配度和对应是职业满意度、职业稳定性与职业成就的基础。一个人性格中体现出来的工作态度，往往影响着其对职业的选择和今后的成就。因此，在设计自己未来的职业生涯道路时，应充分考虑自身的性格，尽量做到职业与性格的匹配。每个人都有自己擅长的一面，也必然有自己不擅长的一面，职业心理学的研究已经说明，每一种性格都有相对应的职业范围，不同的职业也需要与之相对应性格的工作者。如果个人从事的工作与自己的性格不匹配，其才能与潜力就得不到发挥；如果让性格暴躁的人去从事客服工作，让性格柔弱的人去从事刑警工作，让做事马虎的人去从事会计工作，将会出现怎样的后果？

职业性格不是指一个人表面上所显示出来的专业水平、工作经验以及智商，而是受心理条件的先天性、内在性和稳定性的影响，在职业的岗位匹配、职业的环境适应、工作业绩和职业成就上表现出的一系列无法改变或者说是难以培育的非智力决定因素。因此，首先，要做到了解自己的性格，个人应根据自己的性格特征、兴趣爱好等选择合适的职业；其次，要完善自己的性格，让性格适应工作。

俗话说，性格决定命运。性格决定职业发展的长远，事业的成功与否和性格与职业的匹配密切相关。要提高个人的能力，可以通过各种培训来实现，但是要改变一个人的性格，强迫其从事与自身性格匹配不合适的工作岗位，是非常困难的。正如名人所言：“成功者大都是拥有最普通品质的人，但他们在从事与自己性格相契合的工作中，将这些平凡的品质进行了充分开发，从而有了一个新的发展高度。”

思考与练习

用 10 分钟写出 10 句“我是 ______________ 的人”，想到什么写什么，要求选择一些能反映个人风格的语句：

我是______________________的人。

我是______________________的人。

我是______________________的人。

我是______________________的人。

我是______________________的人。

我是______________________的人。

我是______________________的人。

我是______________________的人。

我是______________________的人。

我是______________________的人。

第四节　职业价值观

案例导入

一个美国商人坐在墨西哥一个小渔村的码头上，看见一个墨西哥渔夫划着一艘小船靠岸，小船上有好几条大鱼。

商人问渔夫："要多少时间才能抓这么多？"渔夫说："才一会儿工夫就抓到了。"商人接着问："你为什么不待久一点，好多抓一些鱼？"渔夫不以为然道："这些鱼已经足够我一家人生活所需了！"

商人又问："那么，你一天剩下那么多时间都在干什么？"渔夫解释道："我每天睡到自然醒，然后出海抓几条鱼，回来后跟孩子们玩一玩，再跟老婆睡个午觉。黄昏时，晃到村子里喝点小酒，跟哥们儿玩玩吉他。我的日子过得可充实啦!"

商人帮他出主意说："我是美国哈佛大学企管硕士，我倒是可以帮你忙。你应该每天多花一些时间去抓鱼，到时候你就有钱去买一条大一点的船，再买更多的渔船。然后，你就可以拥有一个渔船队，还可以开一家罐头加工厂。如此一来，你就可以控制整个生产、加工处理和行销。然后，你可以离开这个小渔村，搬到墨西哥城，再搬到洛杉矶，最后到纽约，在那里经营你不断扩充的企业。"

渔夫问："这得花多少时间呢？"

商人回答："十五到二十年。"

渔夫问："然后呢？"

商人大笑着说："然后，你就可以在家当皇帝啦！时机一到，你就可以宣布股票上市，把你的公司股份卖给投资大众。到时候，你就发啦！你可以几亿几亿地赚！"

渔夫问："然后呢？"

商人说："到那个时候，你就可以退休啦！你可以搬到海边的小渔村去住，每天睡到自然醒，然后出海随便抓几条鱼，跟孩子们玩一玩，再跟老婆睡个午觉。黄昏时，晃到村子里喝点小酒，跟哥们儿玩玩吉他喽!"

渔夫疑惑地说："我现在不就是这样的吗？"

启示

读完上述故事，每个人都会有不同的感受。"仁者见仁，智者见智。"什么东西对你而言是有价值的？价值观对一个人的生涯选择影响深远。

一、价值观与职业价值观

价值观是人生观和世界观的体现，是人用于区分好坏、辨别是非及事物重要性的心理倾向体系，是支配人的行为、态度、观点、信念、理想的一种内心尺度。一个人的价值观是从出生开始，在家庭和社会的影响下逐渐形成的。价值观在人们的职业生涯发展中起到极其重要的、决定方向性的作用，往往超过了兴趣和性格对我们的影响。当我们有矛盾冲突，或妥协与放弃时，常常也是出于对价值观的考虑。

职业价值观是个人在工作上既能满足自己内在需求又能满足所追求的工作特质或属性，它是个人价值观在职业当中的反映，是价值观体系中的一个重要的组成部分，也是个人对待某一职业的信仰和决心，还是个人希望从事某项职业的意向高低，它直接影响和决定个人的奋斗目标、追求方向、理想信念、言语行动，表明了一个人通过工作需要追求的理想是什么，是为了地位、财富还是其他。

俗话说："人各有志。"这个"志"表现在职业选择上就是职业价值观，它是一种具有明确目的性、自觉性和坚定性职业选择的态度和行为，对个人职业目标和择业动机起着决定性作用。

二、职业价值观的自我探索

职业价值观，是指人们无论从事什么职业，都会努力在工作中追求的东西。从另一个角度来讲，职业价值观就是人们最期待从工作中获得的东西，它反映的是人的需求与社会属性之间的关系，是人对社会职业的评价。

由于个人的身心条件、年龄阅历、教育状况、家庭影响、兴趣爱好等方面不同，人们对各种职业有不同的主观评价。从社会来讲，由于社会分工的发展和生产力水平的相对落后，各种职业在劳动性质的内容上，在劳动难度和强度上，在劳动条件和待遇上，在所有制形式和稳定性等诸多问题上，都存在着差别；再加上传统的思想观念等影响，各类职业在人们心目中的声望地位便也有了好坏高低之分，这些评价形成了人的职业价值观，并影响着人们对就业方向和具体职业岗位的选择。

每种职业都有各自的特性，不同的人对职业意义的认识不同，对职业好坏有不同的评价和取向，这就是职业价值观。职业价值观决定了人们的职业期望，影响着人们对职业方向和职业目标的选择，决定着人们就业后的工作态度和劳动绩效水平，从而决定了人们的职业发展情况。哪个职业好？哪个岗位适合自己？从事某一项具体工作的目的是什么？这些问题都是职业价值观的具体表现。

根据不同的划分标准，人们对职业价值观的种类划分也不同。我国学者阚雅玲将职业价值观分为如下十二类。

（一）收入与财富

通过工作能够明显有效地改变自己的财务状况，将薪酬作为选择工作的重要依据。工作的目的或动力主要来源于对收入和财富的追求，并以此改善生活质量，显示自己的身份和地位。

（二）兴趣特长

以自己的兴趣和特长作为选择职业最重要的因素，能够扬长避短、趋利避害、择己所爱，可以从工作中得到乐趣、获得成就感。有此类价值观的人，通常会拒绝做自己不喜欢、不擅长的工作。

（三）权力地位

能够影响或控制他人，使他人按照自己的想法去行动，有较高的权力欲望；希望有较高的权力地位而受人尊重，从中获得较强的成就感和满足感。

（四）自由独立

不想受太多约束，希望工作有弹性，可以充分掌握自己的时间和行动，自由度高，不想与太多人发生工作关系，既不想制人又不想受制于人。

（五）自我成长

工作能够提供培训和锻炼的机会，使自己的经验与阅历能够在一定的时间内得以丰富和提高。

（六）自我实现

工作能够提供平台和机会，使自己的专业和能力得以全面运用和施展，实现自身价值。

（七）人际关系

将单位人际关系看得非常重要，渴望能够在一个和谐、友好甚至被关爱的环境中工作。

（八）身心健康

工作安全、劳逸结合、无紧张感和恐惧感，使自己的身心健康不受工作影响。

（九）环境舒适

看中舒适、宜人的工作环境。

（十）工作稳定

工作相对稳定，不必担心经常出现裁员和被辞退的现象，免于经常奔波找工作。

（十一）社会需要

能够根据组织和社会的需要响应某一号召，为集体和社会做出贡献。

（十二）追求新意

希望工作的内容经常变换，以使工作和生活显得丰富多彩，不单调枯燥。

当然，每个人的条件和需求不同，表现出的职业价值观实际上也是多样的，以上类型都具有代表性，为我们分析自己的职业价值观指明了方向，对职业生涯规划有积极的意义。

三、处理价值观与职业关系时需要注意的问题

（一）处理好职业价值观与金钱的关系

金钱是劳动的报酬，是人们生存发展的基本保障。它是在确定职业价值观时首先要面对的问题，但是不能唯金钱论，特别是在刚步入社会时，过分看重金钱而不考虑长远发展目标是不可取的。面对严峻的就业形势，更应理性地降低对金钱的期望值，把眼光放远一些，尽可能地把自我成长和经验积累作为求职时的首要价值观。

（二）处理好职业价值观与个人兴趣和特长的关系

职业价值观、个人兴趣和特长是人们在择业时需要考虑的最重要的三个因素。在确定价值观时，一定要考虑是否与自己的兴趣和特长相适应。如果从事自己不喜欢的工作，80%的人难以在其选择的职业上获得成功；如果从事自己喜欢的工作，则可以充分发挥个人潜能，获得职业发展的原动力。

（三）处理好职业价值观的排序与取舍问题

职业价值观的特性决定了每个人不止有唯一的职业价值观，而是希望自己能同时拥有很多，但在现实生活中“鱼和熊掌是不可兼得的”。既然是选择，就要付出代价，只有舍，才能得。在做职业价值观选择时，找出个人认为最重要的因素，金钱、权力、地位、成就感、社会价值等，并提醒自己不可能什么都得到。否则，终其一生也不清楚自己到底想要什么，更谈不上职业生涯的成功和对社会的贡献。

（四）处理好职业价值观中个人与社会的关系

人不能离开社会而独立存在，个人只有在工作中为社会做贡献才能实现自己的职业价值。在求职择业时，既要考虑个人因素，也要考虑国家和社会需要的职业价值观。

思考与练习

1. 价值观想象

假如我是一种动物，我希望是＿＿＿＿＿＿，因为＿＿＿＿＿＿＿＿＿＿＿。

假如我是一棵树，我希望是＿＿＿＿＿＿＿，因为＿＿＿＿＿＿＿＿＿＿＿。

假如我是一种食物，我希望是＿＿＿＿＿＿，因为＿＿＿＿＿＿＿＿＿＿＿。

假如我是一种交通工具，我希望是＿＿＿＿，因为＿＿＿＿＿＿＿＿＿＿＿。

假如我是一种乐器，我希望是＿＿＿＿＿＿，因为＿＿＿＿＿＿＿＿＿＿＿。

假如我是一档电视节目，我希望是＿＿＿＿，因为＿＿＿＿＿＿＿＿＿＿＿。

假如我是一部电影，我希望是＿＿＿＿＿＿，因为＿＿＿＿＿＿＿＿＿＿＿。

假如我是一种颜色，我希望是＿＿＿＿＿＿，因为＿＿＿＿＿＿＿＿＿＿＿。

假如我是一种软件，我希望是＿＿＿＿＿＿，因为＿＿＿＿＿＿＿＿＿＿＿。

假如我是一种武器，我希望是＿＿＿＿＿＿，因为＿＿＿＿＿＿＿＿＿＿＿。

假如我是一种万能的力量，我希望是＿＿＿，因为＿＿＿＿＿＿＿＿＿＿＿。

2. 多维度中寻找自己的价值观

根据每道题目对你的重要性程度，按0（不重要）～100（非常重要）打分，把分数写在每一道题目后面的横线上。

一个令人快乐、满意的工作＿＿＿＿＿＿＿＿＿＿＿＿＿＿＿＿＿＿

高收入的工作＿＿＿＿＿＿＿＿＿＿＿＿＿＿＿＿＿＿＿＿＿＿＿＿

幸福、美满的婚姻＿＿＿＿＿＿＿＿＿＿＿＿＿＿＿＿＿＿＿＿＿＿

认识新人和认识社会事件＿＿＿＿＿＿＿＿＿＿＿＿＿＿＿＿＿＿＿

参加社会活动＿＿＿＿＿＿＿＿＿＿＿＿＿＿＿＿＿＿＿＿＿＿＿＿

自己的政治信仰＿＿＿＿＿＿＿＿＿＿＿＿＿＿＿＿＿＿＿＿＿＿＿

参加体育活动＿＿＿＿＿＿＿＿＿＿＿＿＿＿＿＿＿＿＿＿＿＿＿＿

智力开发＿＿＿＿＿＿＿＿＿＿＿＿＿＿＿＿＿＿＿＿＿＿＿＿＿＿

具有挑战机会的职业＿＿＿＿＿＿＿＿＿＿＿＿＿＿＿＿＿＿＿＿＿

好车、衣服、房子＿＿＿＿＿＿＿＿＿＿＿＿＿＿＿＿＿＿＿＿＿＿

与家人共度好时光＿＿＿＿＿＿＿＿＿＿＿＿＿＿＿＿＿＿＿＿＿＿

有几个亲密的朋友＿＿＿＿＿＿＿＿＿＿＿＿＿＿＿＿＿＿＿＿＿＿

将资源用于非营利性组织（如癌症协会等）＿＿＿＿＿＿＿＿＿＿＿

沉思、安静地思考、祈祷等＿＿＿＿＿＿＿＿＿＿＿＿＿＿＿＿＿＿

健康、平衡的饮食＿＿＿＿＿＿＿＿＿＿＿＿＿＿＿＿＿＿＿＿＿＿

教育读物、电视、自我提高计划等＿＿＿＿＿＿＿＿＿＿＿＿＿＿＿

将上述16道题目的得分按照标明的题号填入下表中的适当位置，然后纵向汇总每两项的得分。

事业		财务		家庭		社会		社区		精神		身体		智力	
1		2		3		4		5		6		7		8	
9		10		11		12		13		14		15		16	

哪项得分高，就说明你比较看重哪个维度，反映的就是你的价值观。如果8个项目得分比较接近，说明你在生活中是一个比较追求平衡的人。

第三章 自我管理

思政目标

- 珍惜大学时光，懂得科学合理地进行自我管理
- 培养良好的心态和学习、生活习惯，为将来走向社会打下扎实基础

学习目标

- 了解时间管理、情绪管理、学习管理的方法或流程
- 能根据自身情况制定科学合理的自我管理规划

自我管理是指个体对自己本身，对自己的目标、思想、心理和行为等表现进行的管理，自己把自己组织起来，自己管理自己，自己约束自己，自己激励自己，自己管理自己的事务，是最终实现自我奋斗目标的一个过程。自我管理是人一生发展的内驱力，是大学生今后步入社会从事其他一切管理工作的基础，在大学生的日常生活、学习和工作中扮演着相当重要的角色。大学生处于从被动管理到自我管理的社会角色转型期，容易受到他人和环境的干扰，一旦失去自我管控，很容易放任自流，荒废学业。因此，大学生要有意识地加强自我管理。大学生的自我管理通常包括时间管理、情绪管理、学习管理等。

第一节 时间管理

案例导入

逝者如斯夫，不舍昼夜。我们感叹时光一去不复返，后悔没有充分利用好时间，其实在我们懊恼错过时间的时候，有没有想过，这是因为我们不善于管理时间。人生中最宝贵的两项资产，一项是头脑，一项是时间，无论做什么，即使不用脑子，也要花费时间。因此，管理时间水平的高低，决定了我们事业的成败和生活质量的高低。

1. 美国开国元勋之一本杰明·富兰克林（Benjamin Franklin）生活很规律，他每天都有严格的时间表：每天在固定的时间起床，在固定的时间工作，每晚在固定的时间上床睡觉，这些只是我们可以向他学习的一些时间管理示例。他还在每天早上决定当天的目标，到了晚上，会问自己今天一天都完成了什么。

2. 下午刚上班，职员小杨接到工作任务，今天必须完成一个项目可行性研究报告的PPT。正当他进入工作状态时，同事过来说："大伙儿有时间的话过来开个会，研究一下

新项目。”小杨看了看PPT，觉得可以开完会再接着做，于是就起身去参加会议了。等他开完会回到办公室坐下回忆PPT制作进度时，领导打来电话要求小杨去送业务资料的复印件。小杨赶紧起身跑去复印材料并送给领导。送完材料回来，小杨又接到客户打来的咨询电话。结果，直至下班，小杨的PPT还没有做好，他只好留在办公室加班。

启示

从以上两个案例我们可以看到，本杰明·富兰克林和小杨在时间管理上形成了鲜明的对比，也可以看出为什么小杨忙碌半天却要加班的原因。能够良好把控和分配自己时间的人，一定是个自律的人。管理好自己的时间，能够让自己在工作或学习中更加游刃有余、事半功倍，否则，只会碌碌无为。明日复明日，明日何其多？同学们，你选择怎样度过自己的人生呢？

一、时间概述

（一）时间的描述

时间如同一条长河，前不见源头，后不见尽头；时间又如同一支利箭，稍纵即逝，时不我待。古往今来，有多少伟人先哲发出过关于时间的感慨，又有多少文人墨客留下了关于时间的笔墨。在我们认知的范畴内，时间表现出一定的序列性和规律性。

（二）时间的特征

1．具有绝对的公平性

无论年龄大小、地位高低、财产多少，每个人拥有的时间资源是一样的，时间的流逝速度也是相同的。

2．具有不可逆转性

时间相对于空间而存在，它由过去、现在、将来构成连续不断的系统。任何人、任何事物都不能阻止时间向前进，无论何时，时间都以同样的速度前进，不会停止，也绝对不可能重新再来。

3．具有不可替代性

时间完全没有替代品，在一定范围内，某一资源缺少，可以另觅一种资源替代。例如铝不够，可以改用铜，资金可以用来替代劳动力。但没有任何东西可以替代时间，时间绝无仅有。时间不会像物质力量、财力和技术那样可以积蓄储藏，无论你是否愿意，都必须消费时间，无法改变。

这些特性，决定了时间是世界上极为稀缺、极为宝贵的一种资源。

（三）时间的价值

截至目前，人类还无法解释时间到底是什么。有的人认为时间是物质的，有的人认为时间是精神的；有的人认为时间是永恒的，有的人认为时间是飞逝的。本节中，我们不做严谨的科学意义上的概念讨论，从人们投入时间的活动价值来看，时间可以被描述为一种资源。作为资源，时间是珍贵的。因为人的生命是有限的，投入一项活动，可能就选择了放弃其他的活动，所以，人在时间的投入上是有成本的，成本投入是需要回报的，这就决定了时间的价值。时间的价值基本上分为两种，即无形价值和有形价值。

1. 时间的无形价值

时间的无形价值是指把时间投资于家庭、工作、社交等功能方面，为建立家庭关系、工作关系、人际关系等花掉的时间，它带来的收获可能是无法用金钱来衡量的，这叫无形价值。

2. 时间的有形价值

时间的有形价值是指把时间投资于相应的事务和关系所带来的有形报酬。例如，你是一名文员，收发文件、布置会议、接听电话，你会有报酬。虽然每个人每天都有相同的时间，但时间在每个人手里的价值却不同。我们必须认真对待时间，高效使用时间，这也可以称为高效管理时间。

二、时间管理的意义

有意识地运用预期、评估、计划等手段，安排自己生活中的各项事务，合理高效地支配、利用时间就叫时间管理。时间管理的原则是“预先计划，追求效率”。预先计划能使我们对自己的时间安排整体把握，不至于总被事情追着跑而丢失了原本希望实现的目标；追求效率能使我们在有限的时间内产出更多的成果。理解时间管理的内涵，应该注意以下几个方面。

（一）合理安排每天的时间，先完成重点

在时间管理上，只强调做事情的数量是不科学的。做得多未必有效，要学会一次只做一件事，一个时期只有一个重点。只有这样，才能抓住重点，做到劳逸结合。

（二）时间管理是有目的的

时间管理不是对时间的完全掌控，而是要提高效率，达到目的。如果目标不明确或不清晰而盲目工作，就像没头的苍蝇，看似忙忙碌碌，却没什么效率可言。因此，在做任何事情之前，先要有明确的目标和方向，只有这样，才能事半功倍。

（三）时间管理没有规律可循

在日常生活中，大家的工作千差万别，而每个人用不同的模式做相同的事情，也会

得到不同的结果。因此，时间管理根本没有规律可循。时间管理和做事情一样，是有方法和技巧的，我们要善于学习、善于积累，这样就可以做到科学地、有规律地利用时间，产生最大的效能。

三、时间管理的方法

（一）“四象限”法则

“四象限”法则是美国管理学家科维提出的一个时间管理理论，即把工作按照重要和紧急两个不同程度进行划分，基本上可以分为四个“象限”：第一象限是既紧急又重要，如救火、抢险、财务危机等；第二象限是重要但不紧急，如建立人际关系、人员培训、做计划等；第三象限是紧急但不重要，如接到意外的电话、有人约你吃饭、不速之客到访等；第四象限是既不紧急也不重要，如阅读令人上瘾的无聊小说、看偶像连续剧、办公室聊天等。

1．区分象限

将手头待办的事情按照要求进行分类。“四象限”法则的关键在于第二和第三类事的顺序，必须非常小心区分。另外，要注意划分第一和第三类事，二者都是紧急的，但差别在于前者能带来价值，而后者不能。

2．按顺序处理

在执行的时候先考虑事情的轻重，再考虑事情的缓急，然后按照第一象限>第二象限>第三象限>第四象限的顺序处理待办事项。

3．“四象限”法则的执行

第一象限（紧急且重要）：立刻去做。

第二象限（重要但不紧急）：有计划地去做，对计划的拆解是关键。

第三象限（紧急但不重要）：授权给别人去做，切忌大包大揽，注重协作。

第四象限（不紧急也不重要）：尽量不做，除非第一象限、第二象限、第三象限的事情都已经完成，仍然还有非常富足的时间和精力。

在进行时间安排时，应权衡各种事情的优先顺序。对工作要有前瞻能力，防患于未然，如果总是在忙于救火，那将使我们的工作永远处于被动之中。

（二）“六点优先”工作制

美国伯利恒钢铁公司创始人查尔斯·施瓦布曾因公司濒临破产而向效率大师艾维利咨询求助。艾维利耐心地听完其焦头烂额的倾诉，最后请他拿出一张白纸，让他写下第二天必须完成的事。几分钟后，白纸上记录了查尔斯·施瓦布要做的几十件工作。艾维利请他仔细考虑，并要求他按事情的重要顺序，分别用数字1～6标出六件最重要的事情，同时告诉他，从明天开始，每天都这样做：每天全力以赴做好标号为“1”的事情，再全力以赴做好标号为“2”的事，以此类推。艾维利认为，一般情况下，如果人们每天都能全力以赴完成六件最重要的事，那么他一定是一位高效率人士，而即使他只完成了“1”，那么至少他每天也完成了一件最重要的事。他请查尔斯·施瓦布自己先按这个方法试行，并建议他，如果这个方法有效，可将此法推行至他的高层管理人员，若还有效，可将此法继续向下推行，直至每一名员工。如果您或您公司的每一位员工，每一天、每一秒都在做最重要也就是最有生产力的事情，假以时日，可以想象会有什么成就。一年以后，作为此次咨询的报酬，艾维利收到了来自伯利恒公司的 2.5 万美元支票。五年后，伯利恒公司成为全美最大的私营钢铁公司。这一时间管理方法就是六点优先工作制，后被管理学界喻为“价值 2.5 万美金时间管理方法”。

（三）番茄时间管理法

番茄时间管理法由弗朗西斯科·西里洛创立。这一时间管理法的主要理念是利用一整个番茄时间，全神贯注地去做某一件事情，不受外界打扰，从而提高工作效率和对时间的把控力。简单来说，就是选择一个想要完成的任务，然后设置 25 分钟的番茄时间。在这 25 分钟内，执行者要将全部精力投入自己的工作上，不能做任何与工作无关的事情，直到 25 分钟的限时用完，才可以短暂休息 5 分钟。然后，继续下一个番茄时间。一般来说，每 4 个番茄时间算作一轮，一轮结束之后，执行者可以休息较长的一段时间。

1．运用番茄时间管理法，要注意以下原则：

（1）一个完整的番茄时间是 25 分钟，不能任意分割和更改；

（2）在一个番茄时间内，只能做一件事，不能同时做好几件事；

（3）番茄时间管理法主要应用于工作方面，玩游戏、看电影等娱乐活动并不适用；

（4）在一个番茄时间内，如果中途做了其他与任务无关的事情，则此项番茄时间必须作废，重新开始；

（5）番茄时间管理法是自我约束的一种方式，没必要与其他人进行比较；

（6）要根据自身情况制订相应计划，不能盲目追求番茄时间的数量。

2．运用番茄时间管理法完成工作时，通常有以下几个步骤：

（1）开始工作之前，先制订相应计划，确定当天要完成几项工作；

（2）借助手机、闹钟等，设定番茄时钟，准确衡量时间；

（3）按照事先制订的计划逐一完成工作任务，这一段时间内保持专注，直到 25 分钟结束；

（4）完成每一项工作后，在计划书上做出已完成标注，然后休息 5 分钟；

（5）休息结束，立刻开始下一个 25 分钟的番茄时间，并参照之前的流程，投入工作；

（6）工作 4 个完整的番茄时间之后，适当休息 20～25 分钟，之后再投入下一轮。

番茄时间管理法操作起来非常简单，每次只要坚持 25 分钟，就能有效提高时间的利用率和工作效率。这是一种投入少、见效快的工作方法，只要坚持原则并遵照相应步骤展开工作，那么时间管理就会变得很轻松。

（四）二八定律

二八定律是19世纪末20世纪初意大利经济学家帕累托发现的。他认为，在任何一组东西中，最重要的只占其中一小部分，约20%，其余80%尽管是多数，却是次要的。因此，此定律称为二八定律。

运用二八定律，基础用法是用20%的时间做完80%的事情。人们如果使用最高效的时间，只要20%的时间投入就能产生80%的效率。相对来说，如果使用最低效的时间，80%的时间投入只能产生20%的效率。将一天中头脑最清醒的时间放在最需要专心的工作上，而和朋友、家人在一起的闲暇时间，相对来说，则不需要头脑那么专注。所以，我们要把握一天中20%的最高效时间（有些人是早晨，有些人是下午或晚上），专门用于最困难的科目和最需要思考的学习上，用20%的时间提高专业能力的80%，然后用80%的时间将剩下的20%的专业能力补上，从而达到100%的专业能力。

四、大学生时间管理能力的培养与提升

人一生极其重要的两个财富是其才华和时间。才华越来越多，但是时间越来越少，可以说人的一生是用时间来换取才华。如果一天天过去了，我们的时间少了，而才华没有增加，那就是虚度了时光。所以，我们必须有效率地管理、使用时间。时间管理既是一种能力，也是一种习惯，对于大学生现在的学习和未来的职业发展都有很大的帮助。大学生时间管理能力的养成有助于提高大学生的自主学习能力，提高大学生的自信心和主观幸福感，更是成长成才的重要基石。时间管理能力的培养与提升，可以从以下几个方面入手。

（一）设立目标

没有目标，就像大海中的航船，不知道靠岸的码头在哪里，什么风都不是顺风。要设有人生目标和目标体系，才能最大限度地聚集一个人的资源和时间。用于事业上的时间，绝不是损失。因此，只有目标明确，才能最大限度节约时间。没有目标，即使时间计划和工作方法再完美也无济于事。只有给自己设定好目标，在繁杂的日常生活中才能保持清醒的头脑；有了目标，即使学习、工作压力再大，也会遵照正确的优先原则，充分发挥自己的能力。

（二）记录统计

记录统计就是统计个人的时间是如何花掉的。选择一周时间，每天记录做过的事情，然后做一个分类（例如：读书、考证、和朋友聊天、社团活动等）和统计，看看自己在

什么方面花了多少时间。凡事想要进步，必须先理清现状。在一周结束后，通过记录和总结每日时间消耗情况，来判断时间消耗整体情况的原因，分析时间浪费的原因，采取适当的措施节约时间。

1．在日程表里空出一些时间，用来应对突如其来的事情；

2．对那些可能导致负荷过重或终日忙碌的新机遇或责任说“不”；

3．用质量而不是数量来衡量成功。

（三）制订计划

如果想在有限的时间里更高效地做事，就需要掌握有效规划时间的方法。日常养成“凡事预则立”的习惯，依照自己的时间节奏做计划，按照“六点优先”工作制的方法，当天晚上列出第二天要做的几件重要的事情，然后按照事情的轻重缓急排序，时间便不会浪费。

（四）要事为先

在工作和生活中每天都有干不完的事，我们可以做的就是分清事情的轻重缓急，根据“四象限”法则把当天计划的事情排序。要理解急事不等于重要的事情，每天除了办又急又重要的事情外，一定要注意不要成为急事的奴隶。有些急但是不重要的事情，要学会放下。如何分清主次，把时间用在最有生产力的地方，可以从什么必须要做、什么能获得最高回报、什么能获得最大满足三个方面进行判断。

1．什么必须要做

“什么必须要做”有“是否必须做”和“是否必须由我做”两层意思。非做不可，但并非一定要你亲自做的事情，可以委派他人去做，自己负责督促。

2．什么能获得最高回报

根据二八原则，把所有任务都列下来，在开始工作之前，问自己一个问题，在所有任务中，完成其中哪一项或两项任务，产生的价值是其余任何一项任务的 5 倍，甚至 10 倍，这项任务就属于最重要的 20%，然后用 80%的时间做能带来最高回报的事情，而用 20%的时间做其他事情。最高回报的地方，就是最有生产力的地方。

3．什么能获得最大满足

最高回报的事情并非都能给自己最大的满足感，无论你身份地位如何，总需要分配时间用于令人满足和快乐的事情，这样，工作中才有乐趣，并且能够长期保持工作的热情。

按上述三个方面进行筛选，事情的轻重缓急就很明显了。这时候，再以重要性优先顺序进行安排并严格执行，就能发现自己的时间利用更加高效。

（五）把每一次事情做好

每一次把需要做的事情做好，所需耗费和时间成本就最低。所以，要 100%认真地工作，要全心全意地工作。第一次没做好，就会占用做其他事情的时间来返工，这样会形成恶性循环。返工是最浪费时间和精力的，同时也容易造成执行走样，与原计划相去甚远。工作的标准目标是零缺陷，而不是“差不多就好”。

（六）今日事今日毕

叶圣陶先生曾说：“今日事今日毕，不失信于自己。”今天的任务今天完成，这样一步一个脚印才能稳稳实现目标。倘若当日目标没有达成，日日累加，任务何其繁重，完成月目标更难。制定好每天的工作时间进度表，每天都有目标有结果，做到日清日新。今日不清，必然累积，累积就会拖延，拖延就会心情烦躁，心情烦躁就会影响工作效率，从而进一步浪费了时间。

（七）记录每天花费的时间

1．记录时间

采用时间统计 APP、EXCEL 表格以及手写等多种方式，以半小时作为一个间隔，记录完成事情的情况。

2．分析时间

对照效果，分析时间流向，找出浪费时间的因素，并在下一次进行改进。可以是调整，可以是替换，可以是去掉。比如开会跑题，导致会议时间过长；比如熬夜导致第二天精神状态不好等，都得有意识地减少。

3．反馈调整

无论是记录，还是分析时间，都是为了排除不重要的活动与浪费时间的因素，进而可以腾出更多的时间从事更重要、更有贡献的事情。所以，要根据分析的结果，对自己进行反馈，找出一段完整的时间，专心地完成重要的事。

到底花了多少时间、在做哪些事情，要养成习惯把它详细记录下来。将每天花的时间全部记录下来，就会清楚地发现浪费了哪些时间。这和记账是一个道理，只有找到浪费时间的根源，才有办法加以改善。

（八）学会专注

你是否经常边聊微信边学习，还不时地翻着手中的杂志？一心多用往往会使你不知不觉在琐碎小事上浪费很多时间。时断时续的学习最容易浪费时间且学习效果不佳，不只是停顿下来本身费时，当重新学习时，还需要花时间调整情绪、思路和状态，才能在停顿的地方接着去干。我们常说的 “该干什么的时候就干什么”，还是有独到智慧的。

因此，在处理一件事情的时候，要尽可能专注。在生活中也要时刻谨记自己的目标与方向，千万不要只追求表面上的高效率，不断盲目加速，却忘记了重心所在。如果你学会了如何专注于重要的事情，你就能掌握生活中的主动权，提高自己的创造力，并最终为自己赢得时间，为生活赢得平衡。而有头无尾，会造成时间更大的浪费，不但会输掉最开始的投入，更会丧失经由最后努力而获得成功的喜悦。

（九）学会放弃、学会拒绝

现代生活中，形形色色的责任、工作、约会、消遣或是娱乐，使人越来越应接不暇。有人会认为，别人对自己有所期待，所以自己不能辜负他们的厚望，必须尽量满足他人的要求；也有人认为，一分耕耘必然会有一分收获，所以自己可以完成尽量多的工作，以获得最大的回报。其实，这些都是不舍得放弃的借口。没有人能够做完所有的事，也没有人可以拥有一切。只要你敢于放弃生活中次要的方面，集中时间精力关注重要的事，最终获得的不仅是成功，还有生活中最宝贵的平衡。

在每个人的学习、工作和生活中，还常常会出乎意料地出现各式各样的人和事，以致打乱、干扰自己原本的计划。因此，应该学会适时说“不”，懂得拒绝的技巧，来保证自己任务的及时完成。

（十）善用零碎时间

每一天，我们都有很多时间碎片，比如等公交车、等地铁、等飞机的时间等，再比如应酬吃饭时，等待客人、朋友的时间等等。别小看这些时间碎片，其积少成多带来的效果是非常可观的。数学家华罗庚曾经说：“成功的人无一不是利用时间的能手！”看看古往今来那些有成就的人，哪一个不是善用零碎时间的高手？欧阳修曾经对别人说：“我平生所作的文章，多是在‘三上’，即马背上、枕头上、厕座上。”善于利用零碎时间是争取更多时间的最佳方法。把零碎的时间用来做零碎的事情，可以最大限度地提高自己的工作效率，如利用等待时间记英语单词、研读一些提高个人技能的书刊、制订一个小计划等，或积累一些知识，构思一些创意。善于利用零碎的时间，短期内未必看得见成效，但久而久之，必定会有惊人的效果。

（十一）安排“不被干扰的时间”

村上春树每天 4 点起床写作，无论刮风还是下雨，他知道哪一刻自己的感受最重要，不该被打扰，而且他不会熬夜，到了晚上 9 点肯定会去睡觉。这看似是一种自律生活，但是带给他的成就感非常强烈，他明白今天要做哪些事、哪些事是今天必须完成的。每天给自己至少半小时到一小时完全不受干扰的时间，关在自己的空间里思考和工作，那么，这一小时的工作效率可能抵过一天。

除此之外，在把握时间管理方面，还有一些方法也非常重要。比如了解自己的精力曲线，每个人都有自己的精力曲线，需要知道自己在什么时间工作效率最高，从而把最难的事情分配到这个时间段；而在自己昏昏欲睡、精力不济时，可以做点最简单的事情。又如掌握持续激励的艺术，将事情从“要我做”变成“我要做”，减少时间管理带来的压力和痛苦，保持专注力，排除一切杂念，消除自身弱点，针对时间日志等方法检验出的个人时间管理缺陷，进行有效改善等。只要一点点前进，就一定能掌控好时间，管理好自己的生活和工作。

管理时间，则意味着克制自我，为了更好的结果而牺牲眼前的快乐。这个过程可能是痛苦、纠结的，甚至充满了自我否定，你要做的不是早早和自己说“我做不到”，而是试着去做，尽量把拖延症和偷懒的借口统统丢掉。

思考与练习

用“四象限”法则，记录自己一天待办的事情：

第一象限：

第二象限：

第三象限：

第四象限：

审查一下哪个象限的任务最多，再看看有哪些方面需要改进。

第二节 情绪管理

案例导入

溪流一路向前，途中遭遇巨石，一时寸步难行。巨石很得意，对溪流说：“我也不一定就是想拦你，但只要我在你前面，你就哪里也去不成。”溪流不以为意，因为在前进的道路上，它总会遇到这样那样的阻碍，不是这个，就是那个。它连半秒钟的停顿都没有，换了一个角度，继续向前，一路到了大海。

溪流到了大海，而不可一世的巨石还在那里，哪儿也去不了。溪流离开很久之后，巨石还在为自己的“壮举”而骄傲，但此时溪流早已将它忘得干干净净。

只有不与那些强大而愚蠢的事物计较，才能更好地前行。有时候就是这样，一丝一毫的愤怒和反抗都是多余的。

（来源：许道军《溪流到了大海》,《新民晚报》2021 年 5 月 23 日）

启示

面对难缠的巨石，溪流选择了绕开它、不计较，勇往直前。当巨石还在原地沾沾自喜时，溪流已平静地抵达了自己的目的地——大海。人生就像溪流一样，难免遭遇困境或是强大的对手，放下对输赢的执拗、对面子的纠结，稳定好自己的情绪，始终瞄准目标，即便曾经因对手的强大而绕行过，也快意洒脱。

生活中，我们常常看到逆袭的“黑马”、落败的“常胜将军”，在绝对的实力面前，情绪是否稳定往往成为逆袭还是卫冕的关键。2021 年东京奥运会上，面对实力强劲的对手，首战奥运的杨倩就是在最后一枪时顶住巨大压力，背水一战，最终逆转局面赢得首金。

一、情绪概述

（一）情绪的定义

情绪是一种常见的心理现象。关于情绪的定义，众说纷纭，至今心理学界尚未形成一致的看法和理论观点。综合现代主流心理研究者的观点，情绪往往伴随着一定的主观体验、外部表现和生理唤醒，区别在于这几种成分的产生顺序不同，并且不同条件下某些成分并不必然出现（例如个体可以有意识地抵制自己的外部表情）或是以其他方式出现（例如个体可以有意识地表现与自己内心体验不一致的外部表情）。因此，可以说，情绪是往往伴随着生理唤醒和外部表现的主观体验。

从情绪的定义可以看出，情绪具有独特的生理唤醒、外部表现和主观体验三种成分。生理唤醒是指情绪产生的生理反应和变化，如愉快的情绪能促使伤口快速愈合；兴奋或紧张时，心跳会加速；长期压力过大会导致身体抵抗力下降、失眠、脱发。外部表现通常称为表情，包括面部表情、姿态表情和语调表情，如快乐时眉开眼笑，载歌载舞，语调轻快；悲哀时愁眉不展，垂头丧气，言语哽咽；恐惧时目瞪口呆，瑟瑟发抖，语不成调。姿态表情可以分为身体表情和手势表情两种。主观体验是个体对不同情绪状态的自我感受，具有愉快、享乐、忧愁或悲伤等多种色调。情绪的主观体验与外部表现通常是相互关联的，主观体验会引发相应的外部表现，外部表现也会引发相应的主观体验。但在某些情况下，外部表现无法达到个体的意识水平，无法引发主观体验。

（二）情绪的特点

情绪具有动力性、激动性、强度和紧张度等特点，它们的特征变化幅度具有两极性，也就是存在两种对立的状态。

1. 情绪的动力性

情绪的动力性具有增力和减力两极。一般而言，需要得到满足时产生的积极情绪是增力，可提高人的活动能力；需要得不到满足时产生的消极情绪是减力，会降低人的活动能力。

2. 情绪的激动性

情绪的激动性有激动和平静两极。激动是一种强烈的、外显的情绪状态，如激怒、狂喜、极度恐惧等，它是由一些重要的事件引起的，如卫冕成功时的狂喜，灾难突发时的极度恐惧，等等。平静是指一种平稳安静的情绪状态，它是人们正常生活、学习和工作时的基本情绪状态，也是基本的工作条件。

3. 情绪的强度

情绪的强度有弱、强两极，如从愉快到狂喜，从微愠到狂怒。在情绪的强弱之间还有各种不同的强度，如从微愠到狂怒之间还有愤怒、大怒和暴怒等。情绪强度的大小取决于情绪事件对个体意义的大小。

4. 情绪的紧张度

情绪的紧张度有紧张和轻松两极。情绪的紧张度取决于个体面对情境时的紧迫性、个体心理的准备状态以及应变能力。如果情境比较复杂，个体心理准备不足，应变能力比较差，人往往会容易紧张，甚至不知所措；如果情境不太紧急，个体心理准备比较充分，应变能力比较强，人不会紧张，因而会觉得比较轻松自如。

（三）情绪的种类

根据情绪的内容，可以将情绪划分为基本情绪和复合情绪。

1. 基本情绪

基本情绪是人和动物所共有的、先天的、不学而能的，有共同的原型或模式，在个体发展的早期就已经出现。每一种基本情绪都有其独特的生理机制和外部表现。这类情绪包括快乐、愤怒、恐惧和悲哀，其中，快乐是正向的、积极的情绪体验，具有积极的作用；而愤怒、恐惧和悲哀通常是消极的情绪体验，具有消极的作用，需要把它们控制在适度范围内。在一定条件下，适度的愤怒、恐惧、悲哀也可以起到积极的作用，如适度的愤怒能激发人的斗志，排除万难实现目标；适度的恐惧能提高警惕、集中精力，提前规避可能存在的风险；适度的悲哀能缓解压力，让人“化悲痛为力量”，勇往直前战胜困难。

2. 复合情绪

复合情绪也称社会情绪，可分为依恋性社会情绪、自我意识情绪和自我预期的情绪。依恋性社会情绪涉及人与人之间的情感连接，如爱、感激和信任。自我意识情绪是指个体在社会环境中，由于关注他人对自身或自身社会行为的评价所产生的情绪，如自豪、羞耻和内疚。个体在面临机会选择或竞争情境时，对不同行为方式的后果做出预期，并根据自身的期望和价值取向调节对社会信息的认知和加工过程，这一过程所引发的情绪称为自我预期的情绪。

根据情绪的功效，可以将情绪划分为正性情绪和负性情绪。

1．正性情绪

正性情绪是指积极的，对人的心理产生健康影响的情绪状态，如高兴、乐观、满足、果断等。

2．负性情绪

负性情绪是指消极的，对人的心理产生不良影响的情绪状态，如忧愁、厌恶、嫉妒、怀疑等。

无论是正性情绪还是负性情绪，都是人本能的反应。每一种情绪背后都是一条通往真实自我的通道，它引导我们去抵达真实的自我，让我们有机会成长和成熟。从生物学的角度来看，正性情绪能帮助我们靠近对我们生存有利的资源，比如亲人、美食、玩具等；负性情绪则具有警示作用，能帮助我们远离危险，比如陌生人、有害的食物、黑暗等。所以，正性情绪有利于我们的发展，而适度的负性情绪则能保障我们的生存安全。对于负性情绪，我们不应该选择克制或者压制，而应去掉环境中的不利因素，或者积极主动地调整自己的观念，以更好地适应环境。

二、情绪对大学生的影响

大学生的年龄一般在20岁左右，处于一生中的黄金时期。大学生的世界观、人生观、价值观正在逐渐形成，对自然、社会现象有一定的判断力，其情绪比中小学阶段更具有稳定性。但由于他们的身心发展还处于走向成熟但尚未完全成熟的状态，加之受到个人社会地位、知识素养、成长背景等多方面因素的影响，因此，其情绪发展也具有相对的波动性，继而对个人身心健康、学习、人际关系、人格品质等方面产生相应的影响。

（一）情绪对大学生身心健康的影响

《黄帝内经》曰：“余知百病生于气也。怒则气上，喜则气缓，悲则气消，恐则气下，惊则气乱，思则气结。”情绪对身心健康的影响很大。开朗、乐观等积极情绪能激活人体的免疫功能，减少疾病的发生，还能使人精力充沛，充满自信。反之，长期处于悲伤、焦虑等消极情绪中，会降低人的免疫力，损害神经系统和内脏器官，导致气喘、胃溃疡、高血压等疾病。消极情绪如果得不到及时疏导和调节，很容易发展成情绪障碍，形成焦虑、抑郁、偏执等心理疾病，影响心理健康。

大学生处于心理成熟的过渡阶段，情绪起伏较大，要及时关注自己的情绪变化，在出现消极情绪时，能通过恰当的情绪表达、向专业人员求助等积极的干预方式减轻心理压力，维护身心健康。

（二）情绪对大学生学习的影响

正性情绪（如自豪、高兴、希望、满足、平静、放松等）有助于大学生打破思维定式，提高学习与认知加工的灵活性，提升学习效率。相对正性情绪而言，大学生在负性情绪（如焦虑、羞愧、厌倦、无助、沮丧、心烦等）下学习能力和创造力容易受到限制，完成任务的效果更差，并且需要更长的时间、更多的重复才能达到精通。

强烈的负性情绪如焦虑、恐惧或者抑郁，对大学生的学习有害无益。生活中常常出现这种现象，有的学生在考前太过焦虑，一整晚失眠，导致考试当天浑浑噩噩，正常水平都没能发挥出来；有的学生对考试满不在乎，不提前看好考场，去考场前才手忙脚乱地准备考试用品，临时打车又遇上堵车，好不容易赶在开考前到达考场，却发现身份证忘带了……处于这些情绪下的学生很难在考试中取得好成绩。

然而，负性情绪并不都是有害的，适度的负性情绪（如紧张和焦虑）有助于大学生提高学习效率。心理学家研究发现，心情愉快、精神放松、适度紧张是思考和学习的最佳状态。大学生要学会调控好自身情绪，以适应学习生活，提高学习效率。

（三）情绪对大学生人际关系的影响

良好的情绪特征是建立良好人际关系的重要条件。热情、真诚、乐观等积极健康的正性情绪有助于大学生的人际交往，使自己更容易被他人接受和赏识，并在和谐的人际关系中获得充分的自我满足感和自我价值感，推动行为方式的提升和改善。反之，焦虑、抑郁、冷漠等负性情绪会影响大学生的社会行为，使周围人产生不舒服的情绪体验，从而损害个人正常人际关系的建立，并在不良的人际关系中产生自我怀疑和自我否定，抵制行为方式的提升和改善。

不良情绪与病毒、细菌一样具有很强的传染性。美国密西根大学心理学教授詹姆斯·科因的研究证明，只要20分钟，一个人就可以受到他人低落情绪的传染。在社会交往中，个人情绪对他人情绪有着非常大的传染作用，如果你喜欢和同情某个人，你就特别容易受到那个人的情绪影响。出于趋利避害的本能，人们往往会对不良情绪的人避而远之，而更倾向于围绕在具有良好情绪的人周围，以获得愉快的情绪感受。

大学生要有意识地培养认知、表达和调控自我情绪的能力，从而准确觉察和把握他人的情绪，在人际交往的良性情绪互动中建立稳定、和谐的人际关系。

三、如何管理好情绪

人的情绪是有周期性的。情绪周期又称情绪生物节律，是指一个人的情绪高潮和低潮的交替过程所经历的时间。情绪周期反映的是人体内部的周期性张弛规律。一个情绪周期一般为28天，前一半时间为“高潮期”，后一半时间为“低潮期”。在高潮与低潮过渡的 2～3 天是“临界期”，这一时期容易出现情绪不稳定、机体各方面的协调性能差等问题。情绪周期告诉我们，没有人可以永远保持正性的、毫无波动的情绪，但我们可以学着管理好自己的情绪，从而培养良好的情绪，减少或避免不良情绪带来的负面影响。

（一）管理情绪的基本原则

1．体察自己的情绪

情绪没有好坏之分，但行为却有好坏之别。任何情绪都应该被理解和接纳，但行为是要被管理的。当我们的情绪被理解和接纳后，我们往往不会再做出具有破坏性的行为。体察自己的情绪，也就是要学会正视并接纳自己的情绪，而不是压制或者否认它的存在。

当情绪产生时，我们可以试着通过回答以下三个问题来体察自己的情绪：“我现在的情绪是什么？”“我为什么这么做？”“我现在有什么感觉？”比如，舍友 A 没打招呼就把自己的球鞋穿走了，害得自己误会 B 把自己的球鞋扔了，跟 B 大吵了一架。得知真相后，可能的回答：“我现在的情绪是愤怒和羞愧。我跟 B 吵架是因为我不知道 A 没征得我的同意就把我的鞋穿走了，而且 B 以前有好几回把我的东西扔了，所以我才误会 B。我现在感觉很不好，一方面没想到 A 会这样做，心里很不舒服；另一方面误会了 B 不说，还跟他吵起来了，心里实在过意不去，但又拉不下面子向他赔礼道歉。”

通过体察自己的情绪，我们便能顺藤摸瓜，准确判断出自身情绪产生的根源，从而对症下药。

2．适当表达自己的情绪

不良情绪如果不被及时发泄出来，当蓄积到一定程度时，很容易会因为一点小事而突然爆发，酿成无法预料的后果。相对而言，用语言来表达自己的情绪比纯用发泄行为更有效。因此，我们要懂得及时通过语言，清晰地表达出自己的情绪。

根据上述例子，面对 A 时，“我”可以把因他而起的事件向他平和地表达出来：“A，你是不是忘了告诉我球鞋的事了？这回我可糗大了，不但误会了 B，还跟他吵了一架，太尴尬了！”不恰当的表达方式：“你怎么没跟我说就把我的鞋穿走了？害得我跟 B 吵架！”一开口就判定 A 是恶意的，用质问、指责的语气，当 A 接收到这样的情绪信号时，他的负性情绪会本能地被激发出来，不仅无法站在“我”的角度思考产生愧疚的念头，而且会严密防御“我”的攻击，他可能的反应：“我倒是想跟你说来着，可你又不在宿舍，我哪知道你会误会人家 B 呀！”一来二去，最终还是以吵架收尾。

当双方发生冲突时，适当表达自己的情绪，说白了就是要学会设身处地地从对方可以接受的角度去思考问题，并抱着解决问题的态度进行语言沟通，从而使对方理解并接受自己，继而达到释放情绪的效果。

3．用合适的方法纾解情绪

纾解情绪的目的在于给自己的情绪一个疏通的机会，让自己更有能量、更加从容地面对未来。如果纾解情绪的方法只能使自己暂时逃避痛苦，之后需要因为逃避而承受更大痛苦，它就不是一个合适的方法。作家张爱玲说："在对的时间遇到对的人，是一种缘分；在对的时间遇到错的人，是一种不幸；在错的时间遇到对的人，是一种无奈；在错的时间遇到错的人，是一种残忍。"纾解情绪的方法也是这样，没有好坏之分，只有适合与不适合。我们都需要在合适的时间、合适的空间向合适的人或物排解情绪。

（二）管理好情绪的基本方法

1．宣泄法

尽管自控是控制情绪的最佳方式，但实际上，始终以积极、乐观的心态面对不顺心的外部刺激，是非常难做到的。所以，我们不能一味地压抑情绪，而要懂得适当地宣泄，为不良情绪找到一个合适的"出口"。宣泄法就是通过各种方式将负性情绪释放，使情绪得到缓解。宣泄的原则有两点，一是不损害他人和自己，二是用不同的方法宣泄不同的情绪。常用的宣泄方法有以下几种。

（1）哭泣。俗话说："笑一笑，十年少。"我们在劝慰情绪低落的人时，通常都会劝对方多笑笑，不要总苦着个脸。但事实上，人在心情不好的时候，适当的哭泣对生理和心理还是有很多好处的。人在悲伤或委屈时痛哭一场，可以有效缓解情绪，在悲伤时刻意抑制不哭反而对身体有害。所以，古人所说的"男儿有泪不轻弹"这种观念是存在一定弊端的。无论男女，在悲伤尤其是心情抑郁的时候都不要刻意忍住泪水，想哭就痛快哭出来。

（2）倾诉。当出现挫折、痛苦、委屈等不良情绪时，不要自己生闷气，应当找信任的亲人或好友将心中的苦闷倾诉出来，把不良情绪释放出来。如果受条件限制，实在找不到合适的倾诉对象，也可以用身边熟悉的物品替代，如书桌、窗台上的盆栽和喜爱的宠物抱枕等，还可以借助写日记、发信息等方式来一吐为快。

（3）运动。运动具有调节人体紧张情绪的作用，有助于释放不良情绪，减缓心理压力。当我们出现愤怒情绪时，可以通过篮球、足球、棒球、跆拳道等对抗性运动，把愤怒转移到运动或运动对手身上，把愤怒进行合理化表达。另外，跳绳或者到运动场跑 10 圈，也能快速缓解愤怒情绪。

除了上述宣泄方式，我们还可以到不影响他人的空旷地带呐喊，在无人的地方或歌厅放声高歌，或者到游乐场参与一些有一定运动强度的游戏，等等。暴饮暴食、酗酒、破坏财物、飙车、打架斗殴等行为都是不正确的发泄方式，这些方式往往会带来不可预料的后果，大学生一定要选择适合自己的、科学合理的发泄方式。

2．移情法

移情法就是把注意力的焦点从引起不良情绪的刺激情境转移到其他事物或活动中。当人集中精力做某一件事的时候，情绪是可以有效转移的。大学生不妨利用课余时间多做一些有意义的事情，这样在提高自身能力的同时还能有效缓解不良情绪。移情法大致有以下几种。

（1）冷却情绪。当不良情绪膨胀到即将爆发时，降低说话的音量，放慢说话的语速，深呼吸，在心中默数 50 个数，有意使自己平静下来。情绪最易爆发的时间段一般在刺激点产生的 30 秒内，默数 50 个数之后，人的怒气会自然减弱，有助于实现自我控制。

（2）换个环境。当产生愤怒、烦躁等不良情绪时，可以暂时离开当时的场所，到能让自己感到放松、舒适的环境中，如熟悉的公园、景区、餐馆、商场，或其他在情感上有特殊意义的安全空间，以避开矛盾的锋芒，平复心情。

（3）转移注意力。当产生不良情绪时，可以将注意力转移到自己感兴趣的事物上去，如运动、唱歌、朗诵、阅读、聊天、逛街等，以缓解情绪，增加积极的情绪体验。唐代文人张发每次遇到不平之事心中愤怒时，就立即写字消除怒气。韩愈也觉得这个办法简单有效，尤其是写狂草，特别能释放郁积的不良情绪。

3．自我暗示法

自我暗示法就是利用语言、合理理由等，对自身进行积极的心理暗示，达到缓解紧张状态、调整不良情绪的效果。常用的自我暗示方法有两种。

（1）语言暗示。积极情绪与消极情绪之间存在一个“机关”，这个“机关”就称为“转换按钮”。语言暗示法就是通过语言提醒，触发情绪转换按钮的方法。积极的语言暗示能对人的心理和行为产生积极影响，有助于培养积极情绪及良好心态；消极的语言暗示则与之相反。“所有的事情都会过去。”“世间除了生死，一切都是小事，别为难自己。”“我内心非常强大，充满力量，能坦然面对一切。”这样进行自我提醒，或是读一些能调动自己积极情绪的人生格言，会缓解和调适不良情绪。

（2）合理理由暗示。陷入不良情绪时，可以寻找合理的理由来进行自我安慰，这种方法可以冲淡痛苦，直到缓解不良情绪。比如，失败时，想一想还有处境比自己更糟的人；把自己目前的处境与过去作比较，尽量找出胜于过去的地方。总之，要看到生活中光明的一面，不要让自己被烦恼困扰；提醒自己不要忘记其他方面取得的成就；对事态加以重新估计，不要只看坏的一面；考虑一下怎样避免今后发生类似的问题；等等。

4．放松训练法

放松训练法是指使个人从紧张状态松弛下来的一种练习过程。放松有两层意思，一是肌肉松弛，二是消除紧张。放松训练的直接目的是使肌肉放松，最终目的是使个人活动水平降低，达到心理上的松弛，从而使个人保持内环境平衡与稳定。下面介绍几种简单易行的方法。

（1）深呼吸放松法。深呼吸放松法是通过呼吸调节来缓解紧张情绪的方法。闭上双眼，双肩自然下垂，用鼻子呼吸，在呼吸的同时腹部也要跟着起伏。当气吸到足够多时，憋气几秒钟，用嘴巴缓缓地呼气。反复几次（至少三次），直到呼吸变得平稳。此时，整个人也平静下来了。

（2）音乐放松法。听音乐尤其是古典音乐可以缓解压力、放松心情，疗愈纯音乐也有一定的放松效果。例如，忧郁、烦恼时可以听奥地利轻音乐作曲家小约翰·施特劳斯的《蓝色多瑙河》、法国作曲家比才的《卡门》、我国古筝家娄树华（有争议，又说为金灼南）的《渔舟唱晚》等意境广阔、充满活力、轻松愉快的音乐；失眠时可以听奥地利作曲家莫扎特的《摇篮曲》、德国作曲家门德尔松的《仲夏夜之梦》、法国作曲家马斯涅的《沉思》等优雅宁静的乐曲；情绪浮躁时可以听莫扎特的《小夜曲》、捷克作曲家德沃夏克的《幽默曲》等轻松美妙的乐曲。每个人都可以根据自己的情绪状况，选择适合自己的音乐来调节情绪。

（3）想象放松法。选一个安静的房间，平躺在床上或坐在沙发上，闭上双眼，想象放松每部分紧张的肌肉。想象一个你熟悉的、令人高兴的、具有快乐联想的景致，或是校园或是公园。仔细看着它，寻找细致之处。如果是花园，找到花坛、树林的位置，看着它们的颜色和形状，尽量准确地观察它。此时，张开想象的翅膀，幻想你来到一个海滩，你躺在海边，周围风平浪静，波光熠熠，一望无际，使你心旷神怡，内心充满宁静、祥和。随着景象越来越清晰，幻想自己越来越轻柔，飘飘悠悠离开躺着的地方，融进环境之中。阳光、微风轻拂着你。你已成为景象的一部分，没有事要做，没有压力，只有宁静和轻松。在这种状态下停留一会儿，然后想象自己慢慢地又躺回海边，景象渐渐离你而去。再躺一会儿，周围是蓝天白云，碧涛沙滩。然后做好准备，睁开眼睛，回到现实。此时，头脑平静，全身轻松，非常舒服。

此外，还有肌肉放松法、冥想放松法、渐进放松法等。

如果用什么方法都无法摆脱不良情绪的困扰，这时不妨寻求心理咨询师的帮助，通过参与心理咨询，缓解自身不良的情绪。再根据心理咨询师的建议和帮助，制订控制情绪的计划，循序渐进，坚持一段时间后就能取得效果。

（三）大学生常见的情绪问题及应对方法

美国心理学家马斯洛在阐述关于“自我实现者”的情绪特点中，曾经提出健康情绪的六个特征。

（1）适度的欲望；

（2）清醒的理智；

（3）平和、稳定、愉悦和接纳自己；

（4）对人类有深刻、诚挚的感情；

（5）富于哲理、善意的幽默感；

（6）丰富、深刻的自我情感体验。

对照上述特征，你给自己的情绪打多少分呢？

大学生正处于刚刚离开家庭、即将步入社会的过渡阶段。与中学时“两耳不闻天下事，一心只读圣贤书”的单一生活相比，大学阶段更加复杂，更多变数，不仅要对“家事、国事、天下事，事事关心”，而且要应对错综复杂的人际关系。中学时老师、家长的监管无处不在，大学时却更加强调自主、独立。面对突然松开的束缚，一些大学生陷入迷茫、困惑甚至堕落的状态，有的终日与电子游戏为伍，有的整日浑浑噩噩，有的把在校几年过成了同一天，有的情场得意考场失意；一些大学生有理想但行动力不足，往往陷入技不如人、拼搏无用的自我否定状态，有的甚至对强于自己的同学生出嫉妒、不满之心。一般认为，适度的、情境性的消极情绪反应，如考试中的紧张和焦虑、失意后的悲伤等情绪是正常的。但是，如果大学生不能很好地处理生活和学习中的各种问题，极易产生不同程度的情绪问题，从而影响身心健康和发展，轻则影响生活和学习，重则形成情绪障碍，影响思维和行为。下面，让我们认识一下大学生中常见的不良情绪表现及其调适方法。

1．焦虑

焦虑是指因对亲人或自己生命安全、前途命运等过度担心而产生的一种烦躁情绪，其中含有着急、紧张、恐慌、不安等成分。它分为现实性焦虑和病理性焦虑。

现实性焦虑是指对现实的潜在挑战或威胁的一种情绪反应，而且这种情绪反应是与现实威胁的事实相适应的，是一个人在面临其不能控制的事件或情景时的一般反应。特点是焦虑的强度与现实威胁的程度相一致，并随现实威胁的消失而消失，因而具有适应性意义。它有利于个人动员身体的潜能和资源来应对现实威胁，逐渐达到应对挑战所需要的控制感及有效解决问题的措施，直到现实威胁得到控制或消除。因此，现实性焦虑是人类适应和解决问题的基本情绪反应，是人类在进化过程中形成的适应和应对环境的一种情绪和行为反应方式，如考前焦虑、赛前焦虑。

病理性焦虑是指持续的无具体原因的紧张不安感，或无现实依据的灾难、威胁或大祸临头感，伴有明显的自主神经功能紊乱及运动性不安，常常伴随主观痛苦感或社会功能受损。与现实性焦虑相比，这类焦虑呈现出以下特征：焦虑情绪的强度并无现实的基础或与现实威胁明显不相称；焦虑导致精神痛苦和自我效能下降，因此是非适应性的；焦虑是相对持久的，并不随客观问题的解决而消失，常常与人格特征有关；表现以自主神经系统症状为特征的紧张的情绪状态，包括胸部不适、心悸、气短等；预感到灾难或不幸的痛苦体验；对预感到的威胁异常痛苦和害怕并感到缺乏应对的能力，甚至现实的适应因此而受影响。

焦虑情绪的产生原因是多方面的，可分为适应焦虑、考试焦虑、身体过分关注焦虑和选择焦虑。克服焦虑的方法主要有放松训练法、改变认知法、角色训练法等。

（1）焦虑情绪的主要表现。病理性焦虑往往伴有紧张、不安、担忧、惧怕等混合的情绪体验，会出现思维混乱、记忆力下降、注意力不集中，还有可能产生头痛、失眠、食欲不振、胃肠不适等生理反应。

大学生常见的焦虑有自我形象焦虑、考试焦虑、情感焦虑和社交焦虑等。自我形象焦虑是担心自己外貌不够漂亮、没有魅力，如身材矮小、肥胖，脸上有粉刺、雀斑、胎记等影响个人形象而引起的焦虑。考试焦虑在学生中表现得最为普遍，是由于对考试过于紧张，缺乏自信心，对试卷结果担忧而引起的焦虑。情感焦虑多数是由于恋爱受挫而引发的自我否定，认为自己不具备爱人与被爱的能力，因而过度担心引起焦虑。社交焦虑往往是由于过于在意他人的评价，尤其担心他人对自己的负面评价，缺乏自信心。

（2）焦虑情绪的调适方法。一是寻找根源。自己对自身进行客观分析，可以采用问答法，自问“我在焦虑什么”，然后拿出纸和笔将自己的答案清楚地写下来，逐条进行分析，找到问题的根源。这个过程也是帮助自身释放和排解负面情绪的过程。二是调整期望值。具有焦虑情绪的大学生往往背负着过重的思想包袱，把事情的结果看得过重，对自己的要求过高。适当地调整期望值和自我要求，使心态平和，会缓解焦虑的强度。三是借助自我暗示法、放松训练法、转移法进行调适。

2．抑郁

抑郁分为抑郁情绪和抑郁症。生活中的不愉快或失落，可能会带来抑郁情绪，通过自我认知调整等方式，这种抑郁情绪是可以缓解和消除的。抑郁症是以显著而持久的心境低落为主要临床特征，患者可能会出现心境低落、思维迟缓、生活被动、记忆力下降、睡眠障碍、乏力、食欲减退等症状，是心境障碍的主要类型，需要及时到医院就诊，接受正规治疗。精神医学规定，一般抑郁不应超过两周，如果超过一个月，甚至持续数月或半年以上，则可以肯定是病理性抑郁症状。

（1）抑郁情绪的主要表现。抑郁是大学生常见的情绪问题，也就是人称的“郁闷”。根据引发原因，抑郁一般分为两类：一类是因一定的事件而引发的抑郁，另一类是由于身体疾病或用药反应引起的抑郁。抑郁情绪的外在表现主要为悲观，容易伤感，不愿和别人打交道，喜欢一个人待着，情绪不稳定，容易生气和暴躁等。

（2）抑郁情绪的调适方法。可以采用以下方法：肌肉放松法，要和腹式呼吸一起使用；音乐放松法，应该因人、因时、因地、因心情的不同而选择适宜的音乐；倾诉法，把压抑的情绪向合适的对象释放出来，使情绪恢复平静；升华法，即“化悲痛为力量”，如有人对很有成就的同行产生嫉妒情绪，理智又不允许他将这种心理表现出来，于是加倍努力，奋力拼搏，最终超过对手，谓之升华。

3．嫉妒

嫉妒是指人们为竞争一定的权益，对相应的幸运者或潜在的幸运者怀有的一种冷漠、贬低、排斥，甚至是敌视的心理状态。嫉妒是人类的一种本能，是人们企图缩小和消除差距，维持自身生存和发展的正常心理防御。嫉妒之心人皆有之，但强度的差异会导致截然不同的结果。轻微的嫉妒可以使人具有危机意识，奋起直追；高度的嫉妒会使人产生愤怒、怨恨等不良情绪，做出伤害他人的行为，这就成为一种心理障碍。

（1）嫉妒情绪的主要特点和表现。嫉妒总是与不满、怨恨、烦恼、恐惧等消极情绪联系在一起，构成嫉妒的独特情绪。一是明显的对抗性。嫉妒心理的对抗特征具有明显的攻击性，其攻击目的在于颠倒被攻击者的形象。嫉妒者往往不看别人的优点、长处，而总是挑剔别人的毛病，对别人进行讽刺、挖苦、挑拨、中伤、诋毁等，甚至不惜颠倒黑白，弄虚作假。二是对等性。嫉妒总是产生在与自己性别、年龄、文化、地位、职务相类似而状况发生了改变的人群身上。如大学生一般不会对老师、长辈产生嫉妒，而会对同学、同龄人产生嫉妒。三是不断发展的发泄性。一般说来，除了轻微的嫉妒仅表现为内心的怨恨而不付诸行为外，大多数的嫉妒都伴随着发泄性行为。如言语上的冷嘲热讽，行为上的冷淡和疏远、攻击性。四是不易察觉的伪装性。嫉妒不为公序良俗所容，嫉妒者表面上（甚至内心里）不承认自己在某件事上存在嫉妒心理，且有意无意地去掩饰这种情绪，并千方百计地对嫉妒进行伪装。如本来是嫉妒某人的某一方面，却不敢直言，故意拐弯抹角地从另一方面进行指责或攻击。五是变异性。当被嫉妒者的优势转为劣势，特别是沦落到比嫉妒者还要低的劣势时，这时原先存在的嫉妒感便可能发生变异，比如转变为同情感、怜悯感、幸灾乐祸等。

（2）嫉妒情绪的调适方法。一是认清嫉妒的危害。嫉妒的危害是双向的，不仅会打击别人，而且会伤害和贻误自己。被嫉妒者受嫉妒者排斥、伤害，自然是痛苦的；嫉妒者心理始终不平衡，自然也不好受，他们沉溺于对别人的嫉妒之中，没有充沛的精力去思考如何提高自己，反而延误了自己的前途，一举多害。认清这些是走出嫉妒误区的第一步。二是克服自私心理。嫉妒是个人心理结构中“我”的位置过于膨胀的具体表现。总怕别人超过自己，对自己不利。因此，要想方设法根除自私的念头。只有驱除私心杂念，拓宽自己的心胸，才能正确地看待别人，悦纳自己。三是正确认知。别人在某方面超过自己并不等于自己的失败，要客观公正地评价别人和自己。尺有所短，寸有所长，一个人不可能事事都走在别人前面，争强好胜更不一定能超越别人。一个人只要客观地认识自己的优势和劣势，为自己找到一个恰当的位置，就可以避免嫉妒心理的产生。四是将心比心。将心比心在心理学上叫“感情移入”。当嫉妒出现时不妨设身处地地想想对方：“假如我是他又该如何呢？”这样，可以让自己体验对方的情感，有利于理解别人，抑制不良情绪的蔓延，这是有效避免嫉妒心理行为的办法之一。五是提高自己。嫉妒的起因就是看不惯别人比自己强。如果能集中精力，不断地学习、探索，提高自己的知识、技能、身心素质，那么，也可以减少嫉妒的诱因，这是克服嫉妒心理最根本的方法之一。六是完善个性因素。大凡嫉妒心强的人，一般都存在多疑多虑、自卑、内向、心理失衡等轻重不一的问题。努力完善自己的个性因素，增强自己的心理素质，培养健康、良好的心态，就能更有善意地面对生活。七是树立正确的竞争意识。公平、合理的竞争是一个人不断向上的动力，竞争对手之间也可以互相取长补短，共同进步。

4．自卑

自卑又称为自卑感，与优越感相对，是指个体由于某种心理、生理缺陷，或其他原因所导致的消极自我认知体验。在奥地利心理学家阿德勒看来，自卑是人类正常的普遍现象，源于婴儿弱小的无助感，后因心理、生理和社会的障碍（真实的和想象的）而加重。自卑对人格发展有双重影响。适度的自卑感可产生成就需要，转为奋发向上的动力。沉重的自卑感不利于人的发展，包括两种情况：不适当的超补偿，会使人得不偿失；转成自卑情结，会造成生活适应困难。

（1）自卑情绪的主要表现。自卑是大学生中常见的情绪问题。自卑是一种消极的情绪，具有自卑心理的人“自发”地认为自己不如别人，自己看不起自己，自惭形秽，自我定位在低人一等的地位，对别人的评价过于敏感，自我封闭、逃避现实；对自己的能力和品质评价过低，过分夸大自己的缺陷，对自己持怀疑态度。自卑是对自我潜能的人为压抑，更是一种自我损害的情绪。

大学生产生自卑情绪的根源来自主观因素和客观因素两个方面。主观因素主要体现在大学生面对理想与现实的差距、自身能力的不完善、情感受挫等情况时对自己没有正确的评估。客观因素主要是大学生的成长环境、文化背景、经济条件、个人先天条件等方面存在差异，如因校园霸凌、幼年创伤、先天不足等不可控因素引起的自卑。

（2）自卑情绪的调适方法。一是正确认识自己。学会从多角度看问题，全面辩证地看待和评价自己，不仅要清醒地正视自己的短处，而且要深挖和发展自己的长处和优点，切不可总拿自己的不足比别人的长处。二是正确地归因。不能把别人的否定都归因于自己的缺陷或不足，也许对方只是就事论事；不能把自己的每个失败都归因于自己的能力不行，因为准备不充分、某个环节出现疏漏等都可能会导致失败。因此，在做事前，要树立信心，坚信自己能做好。同时，充分预估可能遇到的困难及可能出现的后果，这样即使失败了，也会由于事先在心理上做了准备而不致造成情绪上的大起大落。三是自我鼓励。善于运用表扬与肯定的方法树立自信心。一旦自己有了积极表现、正确做法和细微进步，都要及时给自己恰当的评价和鼓励，并对自己提出新的要求，从而使自己受到鼓舞，增强自信心。在批评自己时，也要先适当地肯定其中的积极因素，做到批评中有鼓励。还要善于自我满足，知足常乐。在学习上，目标不要定得太高。适宜的目标，可以使你获得成功，这对自己来说是一种最好的激励，有利于提高自己的自信心。之后，可以适当调整目标，争取第二次、第三次成功。在不断成功的激励中，增强自信心。四是运用积极的自我暗示。当感到信心不足时，不妨运用语言暗示："别人行，我也能行。""别人能成功，我也能成功。"从而增强自己改变现状的信心。经常回忆自己因努力而成功了的事，或合理想象将要取得的成功，以此激发自信心。五是学会对比。在与别人进行比较时，为了避免自卑心理的产生，要讲究"可比性"，选择适当的参照系，也就是选择与自己各方面相类似的人、事比较。总是与自己各方面悬殊的人相比，或者拿自己的弱点与别人的优点相比，总免不了自卑。

5. 冷漠

冷漠是指个人对外界刺激漠不关心、无动于衷，缺乏相应反应的消极情绪体验。目前，心理学界有这样一种担忧，在网络和电脑中成长起来的一代人容易患上"情感冷漠症"，其表现即是上网成瘾，缺乏内心体验，拙于表达，严重时对一切都漠不关心，对外界刺激缺乏相应的情感反应，对亲友冷淡，对周围事物失去兴趣，面部表情呆板，内心体验缺乏。有些冷漠可能是由疾病引起的，患者不是对所有东西都失去兴趣，而是把这些兴趣都转移到电脑世界之中。大学生风华正茂、血气方刚，本应意气风发、真诚热情，但少数大学生对周围的人和事漠不关心，对集体和同学态度冷淡，对自己的前途命运、国家大事等漠然置之，似乎什么事情都与自身无关，对集体活动不关心、不参与。这类人从表面上看虽然平静、冷漠，但内心往往有强烈的痛苦、孤寂和压抑感。如果大学生长时间处于这种情绪状态下，容易导致其责任感下降、生活意义缺失与自我价值放弃，巨大的心理能量无法释放，会致使心理平衡遭到破坏，从而影响身心健康。

（1）冷漠情绪的主要表现。其主要表现是对他人怀有戒心甚至敌对情绪，既不与他人交流思想感情，又对他人的不幸冷眼旁观、无动于衷、毫无同情心，对任何集体活动都缺乏兴趣。

（2）冷漠情绪的调适方法。一是改变认知。正确认识自我与他人、个体与社会之间的关系，并不断矫正自己的非理性观念。每个人都是社会的一分子，个体无法脱离群体和社会独善其身。事物之间存在普遍联系，虽然表面上与自身无关，但是有可能对自身产生影响。二是积极交际。积极参与各种形式的群体活动，即使本身不愿意参与，也要努力把自己融入集体中，感受他人和集体的温暖，进行积极的自我暗示与自我提升，如进行旅游、体育锻炼、文娱活动等。

思考与练习

情绪小练习：请你按照如下要求尽量坚持每天填写。

（1）赞美优点（想一句最适合自己优点的话语来赞美自己）

____

____

（2）美饰自身（有意为自己打扮一下，并对着镜子中的自己称赞一下）

如何打扮：______________________________

如何称赞：______________________________

（3）联络亲友（主动与亲友联系，并请他们给自己一个积极的评价）

与谁联络：______________________________

亲友如何称赞：______________________________

（4）有益的事（每天做一件最适合自己的有益的事情，尽量把事情做成功）

我做了：______________________________

我的感想：______________________________

（来源：挂云帆学习网）

第三节 学习管理

案例导入

这是一个关于初中毕业的保安逆袭成为博士，最后又当上大学教师的故事。

故事的主人公叫李明勇，1977 年出生于贵州省遵义市湄潭县一个偏僻的乡村。由于家庭条件困难，16 岁的他刚读完初中就开始打工。22 岁那年，他进入贵州教育学院（贵州师范学院前身）成为一名保安。在那里，他萌生了继续学习的念头，于是重新拿起课本，准备成人高考。一边工作一边备考，自然要比常人付出更多的努力。学校晚上 11 点半锁门，李明勇就利用入夜的时间学习，常常看书到凌晨一两点。早上 6 点半，他又要准时起床开门，一天只能睡五六个小时。

2001 年，李明勇考取贵州教育学院中文系专科班，并在 2003 年顺利考取贵州教育学院中文系本科班。本科毕业后，他又毅然决定考研。英语零基础的他，硬是背下了一本总量为 8000 个单词的词典。经历两次考研失利后，他于 2007 年以笔试第一名的成绩考取贵州大学美学专业硕士研究生。2015 年，李明勇在经历两次考博失利后又考上了华中师范大学博士，并于 2018 年顺利毕业。毕业后，他选择回到改变他命运的贵州教育学院，成为一名高校老师。

有人问被称为“励志勇哥”的他：“这一路走过来，是什么在支撑着你？”他回答说：“我觉得有几点：一是自信，比如考研，如果我没有自信，可能压根就不会考；二是自律，成人要学会自己管理自己，尤其是安排好自己的时间；三是不怕输，要有一种锲而不舍的精神。”

（来源：四川教育）

启示

人生是一场马拉松，而不是百米赛跑。起点的高低只是决定了人生拼搏的难度，并不能决定终点的高度。“励志勇哥”用自己的拼搏经历告诉我们，起点低并不可怕，只要树立明确的学习目标并管理好自己的学习，命运不会辜负一直努力奔跑的人。

联合国教科文组织总干事埃德加·富尔在《学会生存》的专著中强调：“未来的文盲不再是那些不识字的人，而是那些不会学习的人。”获取知识的唯一途径就是学习。在农业经济时代，我们只需要 5～7 年的学习就能满足一生工作的需要，而在信息技术高度发达的知识经济时代，我们要把学校教育延长到生命的整个过程，才能满足一生工作的需要。从大学开始，我们就要为终身学习做好准备。

一、自我学习管理概述

（一）自我学习管理的定义

自我学习管理是指在学校管理者的作用影响下，学生对自己的学习进行自我监控、自我调节和自我评价的活动。

（二）自我学习管理的意义

1. 为自我健康发展奠定基础

自我学习管理是做好职业生涯规划的前提和基础。不少学生把考上大学当作学习的唯一动力，进入高校后，没有了升学压力，也就失去了学习的动力和目标。有的同学选择了放纵，把中学阶段没玩的游戏玩个够，把没时间看的电影、电视剧追完，把和同学没玩够的时间补回来，虽然玩痛快了，但面对考试挂科、看不到希望的前途、师长的痛心疾首、别人的优秀，内心的煎熬和焦虑难以排解，身体也被毫无规律的作息拖垮。他们显然低估了大学阶段学习的重要性，只有掌握好专业技能和各项综合能力，他们才有可能得到更好的发展机会。所以，大学生一定要从入校开始就树立科学的自我学习管理理念，为自己的健康发展奠定基础。

2. 为适应时代发展做好准备

我们生活在知识加速创新和传播的知识经济时代，日趋严酷的竞争越来越依赖于产品创新、生产过程创新以及高水平人力资本成长和分配组织的创新。要适应这个高速发展的时代，任何人都必须通过坚持不懈的学习来更新自己的知识结构，以提高自己的社会竞争能力。所以，在大学阶段做好自我学习管理，恰是为将来适应时代发展做好准备。那些目标明确、计划科学，并持之以恒努力学习的大学生往往披荆斩棘，成为学校和未来工作中的佼佼者。而那些得过且过、无所事事、终日被动等待机会的大学生几乎很难顺利毕业，即便勉强找到工作也很难适应岗位的创新需求。

3．为可持续发展提供支撑

个人的可持续发展靠的绝不仅仅是被动学到的知识，更重要的是终身学习能力。所谓终身学习，是指社会每个成员为适应社会发展和实现个体发展需要，贯穿于一生的持续的学习过程。现代社会，职业的半衰期越来越短，今天具有优势的职业，明天就可能被淘汰。只有强大的终身学习能力才能让我们持续不断地更新、吸收和使用新的知识和技能，始终在瞬息万变的社会环境中立于不败之地。要培养自己的终身学习能力，就要做好自我学习管理。

（三）自我学习管理的特点

自我学习管理以“自我”为中心，体现了“我要学”“我想这样学”的思维方式，主要有以下特点。

1．主客观体统一性

自我学习管理的精髓和灵魂在于“自我”，即管理的主体和客体合二为一，“自我”既是学习中管理行为的实施者（主体），又是该管理行为的被实施者（客体），这种双重角色有利于激发自我学习的积极性和自觉性。

2．独立自主性

作为学习中的管理者，个人在学习的各个方面和整个过程中要尽可能摆脱对教师或他人的依赖，根据自身特点作出选择和控制，及时发现并解决问题，独立开展学习活动。

3．广泛多元性

自我学习管理中的学习内容突破传统意义上仅限于课堂学习的狭窄范围，从课堂学习延伸到课外学习、网络学习，从日常学习习惯到学习行为的养成，从独立学习到与他人合作学习，从校内学习到校外实习实训，都是自我学习管理的内容。

4．灵活性

受个体客观条件、兴趣爱好、个性特点等因素影响，自我学习管理的途径、方式、过程等都没有统一的限定，灵活性很强。

5．可持续性

自我学习管理具有可持续性，它并不局限于对中小学、大学等在校学习阶段的管理，还包括进入职场后的学习管理。自我学习管理的可持续性对应的是终身学习，即“活到老学到老”。

二、自我学习管理的环节

自我学习管理包括八大学习环节，即学习管理八环节：计划管理、预习管理、听课管理、复习管理、作业管理、错题管理、难题管理、考试管理。

（一）计划管理

进行计划管理要学会将目标分解。目标分解就是把整体目标分解成它的各个组成部分，其是使总目标得以实现的基础。制定出一个相对较长期的目标之后，要将它相应分解成若干个短期学习目标，这些目标要切合自己的实际，通过自身努力是完全可以实现的。达到了一个目标后，再调整并完成下一个目标，确保一个目标一个目标地实现。

（二）预习管理

1．读

将第二天课堂上要讲的课程内容用 10 分钟左右的时间通读一遍，将不理解的内容记录下来或在书上画个记号，这些就是第二天上课要重点听的内容。

2．写

将模糊的、有障碍的、思维上的断点（不明白之处）书写下来。

3．练

预习要与练习相结合。在读、写的基础上再做 1～2 道课后练习题。会做，说明自己的自学能力在提高；不会做也没关系，带着问题到课堂听老师讲，或者通过各种途径请教师长。

（三）听课管理

听课必须做到跟老师、抓重点、当堂懂。听课时要跟着老师的思维走，抓重点，更重要的是抓自己个性化的重点，抓自己预习中的不懂之处。通常，不预习当堂懂的在 50%～60%，而预习后懂的则能在 80%～90%；当堂没听懂的知识应当堂问懂。

（四）复习管理

有效复习的核心是做到想、查、看、写、说。

1．想

即回想、回忆，是闭着眼睛想，在大脑中放电影。大学生课后最需要做的就是回想，应在每天晚上临睡前安排一定时间回想。回想是目前公认的最有效的复习方法，也是查漏补缺的最好方法。

2．查

回想时，有些会非常清楚地想出来，有些则会模糊，甚至一点也想不起来。能想起来的，说明你已经很好地复习了一遍。通过这样间隔性的 2～3 遍，几乎会终生不忘。而模糊和完全想不起来的就是漏缺部分，需要从头再学。

3．看

即看课本和听课笔记。看的时候，既要有面，更要有点。面，就是全面。点，既包括课程内容的重点，也包括回忆时没有想起来、较模糊的“漏缺”点。

4．写

随时记下重难点、漏缺点。一定要在笔记中把它们详细整理，并做上记号，以便总复习的时候重点复习这部分内容。

5．说

即复述。如每天都复述一下自己学过的知识，每周末复述一下自己一周内学过的知识。听明白不是真明白，说明白才是真的明白。坚持 2～3 个月之后，记忆力、概括能力、领悟能力都会有所提高，表达能力会增强，写作能力也会突飞猛进。

（五）作业管理

1．做作业要计时

限时作业，记录作业起止时间，与作业无关的事都不做。比如：20 分钟写完英语，25 分钟写完数学，等等。

2．先复习再写作业

先复习所学的内容，再写作业。

3．遇到难题先放过

遇到难题，百思不得其解时，先放过，完成相对容易的题，最后再集中精力攻克难题。

4．完成作业后要检查

养成每次写完作业必须检查至少一遍的习惯。

5．完成作业后要进行小结

写完作业后，要问问自己学会了什么，得到了什么，有什么体会。

6．独立完成作业

坚持自己独立完成作业，忌抄袭。

（六）错题管理

整理错题本和难题本的目的是用于将来复习。掌握了错题和难题所反映的知识点，再加上原先已掌握的知识，就意味着打通了绝大部分知识的联结点。

整理错题本和难题本可用 16K 的横格本，每页分成三部分。第一部分是原题，第二部分是错因，第三部分是修改后的正确答案与举一反三。一个月后复习时，若扫一眼发现还不会，就要进一步查找不会的原因，这时举一反三，将与本题相关的知识点或习题联系起来，并写下来。

（七）难题管理

一般来说，难题之难多半在于题目所涉知识点众多，知识点之间关系错综复杂，思维（及方法运用）跳跃性大、逻辑性强。因此，对于难题，建议用溯源的方法进行整理：一是查清楚题目所需知识点的清单，同步辨清知识点之间的内在联系；二是复原自己考试时的思维路径，查“堵”点、“歧”点；三是借助参考答案探究自身存在的盲点、疑点甚至是漏点。之后，同样需要每隔一段时间复习与检查一次。

（八）考试管理

用一张丢分统计表进行测试管理。按科目分为填空、选择、计算、阅读等项目。哪个题型错了，分别丢了多少分，列出统计表进行说明。这样，就能清晰地看出哪些是审题出了偏差，哪些是运算出了错误，是什么知识点有问题，哪方面需改进和提高。用纸把错题抄下来，每隔 20 天再做一遍。在考试前可以有针对性地找出需要重点复习的知识点，加深印象。

三、高职三年学习发展规划

（一）如何有效地进行大学学习

1. 认识自己的学习优势

自我学习管理的第一要点是了解自己的学习风格，寻找自己擅长的学习方式，发现自己的优势科目。

2. 注意培养兴趣

兴趣是在做的过程中被激发的，而不是想出来的。比如攻克难题后的兴奋，阅读时与作者产生共鸣时的感动，这些往往都是激发学习兴趣的关键所在。所以，不要坐等兴趣的感觉产生后再动手，而是尝试不断地做，在做的过程中，兴趣往往自然而然就产生了。

3. 制订计划并严格执行

长时间的坚持需要制订科学合理的计划，并严格按照计划开展学习。

（1）要树立目标意识。确立一个目标，特别是具体的目标，有利于学习中的坚持。

（2）合理分配每天（每周或者某个时间段）的学习任务。把学习任务分成每天能够完成的单元，并坚持当天的任务当天完成，无论如何都不能给自己以任何借口推迟完成原定计划。

（3）合理规划每天的时间。把该完成的任务尽可能安排在规定时间内完成，把既定的学习时间保留出来，养成利用每天零星时间学习的习惯。

（4）按照既定的学习时间表行事。学习时间表可以帮助学生克服惰性，按部就班、循序渐进地完成学习任务，而不会有太大的压力。

4．优化学习方法

学习中如果频频受挫，或者付出很多收获却少，学习的热情和意志就会很容易被消磨殆尽。所以，在面对问题的时候，一定要寻找解决办法，而不是一味蛮干。比如，当学习某门课程遇到瓶颈，自己始终无法解决时，这时候可以向他人、书籍或网络资源求助，也可以试图从其他学问里获得灵感。爱因斯坦就常常在演奏小提琴曲时获得未知领域科学问题的灵感。

5．把控学习氛围和环境

营造好的学习氛围和环境可以让我们更好地静下心来学习，同时也能增加学习的动力。比如：可以和好朋友一起开展学习比赛，让学习环境活起来；或者为自己创造一个专属的学习空间，在这个空间里只做与学习相关的事情，每当自己进入这个空间，脑中就会下意识地开启学习状态，这个空间可以是书房、自习室、图书馆等。

6．学会奖励自己

当完成一整天的辛苦工作后，无论结果好坏，都要好好地用自己感到愉悦的方式犒劳自己，让自己的身心获得满足。

（二）高职三年的学习规划

高职三年的学习规划内容主要包括自我检测、订立目标、回顾评估、诊断修正四个方面。

1．自我检测

随意、盲目地决定自己要走的路，那是过于轻率、幼稚的行为。只有全面看清自己、了解自己，才能找到属于自己的方向。与此同时，发现一个新的自我也是人生中最重要的课题。

（1）你的学习状况测验

下面的测试，可以帮助你了解自己在学习方面的情况，请你实事求是地进行作答。在题目后的括号内填上符合自己情况的字母。提示：每题只能选择一个答案。

A 代表很符合自己的情况，B 代表比较符合自己的情况，C 代表较不符合自己的情况，D 代表不符合自己的情况。

① 高中时总是名列前茅，进入大学仍想保持这一优势。（ ）

② 如果制定了切实可行的学习目标，会坚持到底、不言放弃。（ ）

③ 除了通过最基本的英语四级考试外，还会考一些其他等级证书。（ ）

④ 为实现大目标而给自己制定循序渐进的小目标。（ ）

⑤ 上课从不迟到，不早退，更不旷课。（ ）

⑥ 能独立地、认真地完成老师布置的各项作业。（ ）

⑦ 上课时，几乎不会开小差，不打瞌睡。（ ）

⑧ 如果别人不监督，也能主动学习。（ ）

⑨ 即使有点儿不舒服，依然能坚持上课。（ ）

⑩ 在学习时，如果别人叫你出去玩儿，你会说“不”。（ ）

⑪ 即使对某门功课不感兴趣或学习吃力，也会认真学习这门课。（ ）

⑫ 某门功课很重要但又很枯燥，依然能坚持学完学好。（ ）

⑬ 在完成某项学习任务时遇到困难，依然能坚持到底。（ ）

⑭ 如果室友都在寝室玩游戏，仍然能不加入其中而是坚持学习。（ ）

⑮ 为及时完成某项学习任务，而废寝忘食乃至通宵达旦。（ ）

⑯ 能长时间坚持早读、晚自习。（ ）

⑰ 在上课或自习时，能很快提起精神，进入状态。（ ）

⑱ 为学好功课，宁可放弃许多感兴趣的课外活动。（ ）

⑲ 会经常看各种书籍，学知识不限于本专业的课程。（ ）

⑳ 能做到课前预习，课后复习巩固。（ ）

㉑ 上课时，能高度集中精力，保证听课效果。（ ）

㉒ 有不懂的问题，会主动找老师或者同学请教。（ ）

㉓ 关注其他学科内容并进行学习与探究。（ ）

㉔ 常常会对学习上的问题寻根究底。（ ）

㉕ 上课时，会认真记笔记。（ ）

㉖ 充分利用图书馆、实验室等学习资源。（ ）

㉗ 有一套对自己行之有效的学习方法。（ ）

㉘ 会抽时间把没学好的课或落下的内容补上。（ ）

㉙ 如果落后别人很远，仍有动力赶上乃至超过对方。（ ）

㉚ 除了老师指定的作业和必读书外，还额外做作业和看书。（ ）

结果解释：统计你所得 A、B、C、D 的个数，一个 A 得 3 分、B 得 2 分、C 得 1 分、D 得 0 分。总分在 72 分以上为优秀，63 分以上为较好，54 分以上为一般，54 分以下为较差。如果你的得分较高，请你保持，争取百尺竿头、更进一步；如果较低，则需要再接再厉，规划好你的学习，争取有所提高。

（2）自我分析

通过以上测试，请你结合自己的实际情况，进一步检测自己，明确自己在学习方面的优势和劣势，如下表所示。

自我评价表

内　容	自我评价		
学习目标	明确（　）	模糊（　）	没有（　）
学习态度	端正（　）	一般（　）	不端正（　）
学习意志	坚强（　）	一般（　）	脆弱（　）
学习兴趣	浓厚（　）	一般（　）	淡漠（　）
学习方法	得当（　）	一般（　）	不得当（　）
学习动力	充足（　）	一般（　）	不足（　）
其　他			

经过一系列的测试，你认为自己在学习方面的优点有：

____。

需要加强的有：____。

2．订立目标

（1）高职三年不同的学习重点

大学一年级是大学生涯的起步阶段，也是基础阶段。这个阶段，除了尽快适应校内外环境，了解本专业培养计划和就业方向外，还应该订立明确的中期和短期学习目标。中期学习目标，如通过大二的英语四六级考试、大三的统招专升本考试、计算机技术与软件专业技术资格（水平）考试、各类职业资格证考试等。短期学习目标，如掌握本学期的专业知识和技能、通过期末考试并争取成绩排名专业前10%、报考专升本自学考试并争取每门考试顺利通过、每周坚持阅读提升自身能力的书籍等。大一期间，基础课几乎占据了所学科目的半壁江山，这些科目虽然并不直接与专业关联，但像计算机、英语、数学、应用文写作、社交礼仪等基础课程都对专业或职业发展有促进作用，同学们一定要充分利用好教室、图书馆、实训基地等学习场所，认认真真学好每一门课程。

大二是个承前启后的阶段。这个阶段，需要更深入、理性地考虑自己的职业生涯，明确自己毕业时要考统招专升本还是直接就业。这一年可能要面对日益繁重的专业学习、面对英语四六级考试、面对各种考证的压力。因此，要进行科学的学习规划，这将有助于解决学生所面临的种种困难。有了明确的选择就会摆脱漫无目的的迷茫。

大三这一年在校学习基本结束，进入跟岗实习、顶岗实习阶段。同学们进入企业后，可以零距离接触到与专业相同或相近的实践内容，将学到的理论知识融会贯通到实践中。

大部分同学会选择留在企业进行实践锻炼，通过提升专业技能来巩固自己的专业水平；部分同学在实习的同时，会选择报考统招专升本，他们往往从大三上学期开始密切关注报考学校的相关信息，提前买好专业书籍进入紧张的备考阶段；有的同学一边实习，一边持续努力和坚持，如愿通过自考专升本的所有考试，准备毕业论文答辩、学位英语考试等；有的同学选择到西部做志愿者，为祖国的边疆建设发光发热；有的同学选择报考“三支一扶”、事业单位等。大三是同学们极其忙碌又见证成果的时期，只要不停下脚步，条条大路都能通向罗马。

（2）订立高职三年的学习目标

根据大学各学段的特点，梳理大学的学习目标，这是制定学习规划的基础。

步骤一：大学学习目标规划表。

时　　期	目　　标	实施措施
大一	（1）	
	（2）	
	（3）	
大二	（1）	
	（2）	
	（3）	
大三	（1）	
	（2）	
	（3）	

步骤二：进行学习助力、阻力分析，如下表所示。

学习助力、阻力分析表

对　　策	目　　标			
	目标 1	目标 2	目标 3	目标 4
助力				
阻力				
将阻力化为最小或将阻力转化为助力的措施				

步骤三：进行自我测试和助力、阻力分析后，根据自己的实际情况，请再一次规划调整目标＿＿＿＿＿＿＿＿＿＿＿＿＿＿＿＿＿＿＿＿＿＿＿＿＿＿＿＿＿＿＿。

3．回顾评估（学期或学年末填写）

请完成下面的回顾评估表。

这一学期（学年）的学习规划是否合理？给自己打＿＿＿分。

回顾评估表

好的方面	
不好的方面	
辅导员的评价及建议	
授课老师的评价及建议	
父母的评价及建议	
同学的评价及建议	

4. 诊断修正

通过回顾评估，你认为你的规划：

[ ]合理，效果很好，原因：____

____。

[ ]不合理，效果不好，原因____

____。

[ ]是否有课程不及格，若有，共____门，原因：_________________________

____。

修正如下：____

____。

思考与练习

同学们，请审视自己本学期或上学期的学习表现，结合上述学习管理知识，给新学期的自己定个新目标。

第四章　探索职场

思政目标

- 培养学生团结协作、吃苦耐劳、锐意创新等精神和品质
- 充分发挥创造力，主动拓宽个人视野，避免思维局限性

学习目标

- 了解职场基本结构及相关定义和职业发展态势
- 掌握探索职场的一般途径和方法

第一节　了解职业世界

案例导入

张一是某农业职业学院畜牧兽医专业的毕业生，她对计算机应用技术很感兴趣，在公共课基础上选修了《计算机应用》这一门课程，学习了有关编程方面的知识，并利用业余时间到相关公司实习。已进入毕业季，她应如何找工作？就业中心的老师告诉她，最好先拿到“家畜繁殖员职业资格证书”和“计算机等级考试证书”，如果将畜牧兽医专业与计算机应用知识结合起来，就比较容易找到能发挥这两项优势的工作；也可以根据自己的兴趣爱好，利用计算机等级证书寻找相关职业。

启示

职场是实现个人职业生涯的外部平台。临近毕业，大学生的职业生涯规划视角将从内部转向外部。如何更好地利用这个外部平台，帮助个人实现理想是职业生涯中很关键的部分，大学生应提前对职场进行探索。

把握自我和把握职业，尊重自我和尊重职业，都是职业选择的精髓。本节内容重点介绍职业的一般知识，并对职业世界的发展趋势进行展望。

一、职业的概念

职业是参与社会分工，利用专门的知识和技能，为社会创造物质财富和精神财富，获取合理报酬，作为物质生活来源，并满足精神需求的工作。

社会分工是职业分类的依据。在分工体系的每一个环节上，劳动对象、劳动工具以及劳动的支出形式都各有特殊性，这种特殊性决定了各种职业之间的区别。世界各国国情不同，其划分职业的标准也有所区别。

根据中国职业规划师协会的定义：职业 = 职能 × 行业。

二、职业的特点

职业作为一种劳动，既有一般劳动形式的特点，也在产生和发展过程中，逐渐形成了其与其他劳动形式相区别的特点，主要表现在以下几个方面。

（一）社会性

从其产生来看，职业是社会发展到一定阶段后，随着社会分工而逐渐产生的，没有社会分工就没有职业；从其组织结构来看，任何一个职业都不是孤立的，它是社会整体结构中的一个子系统，与其他职业及其系统有着紧密的联系；从其服务面向来看，职业是社会所必需的、服务社会的专门工作。可见，职业的社会性非常明显地存在于各个环节中。

（二）经济性

从事某一职业，于己于公都具有经济性。对个人而言，职业是个人获取生活资料的主要途径；对社会而言，个人从事职业也是促进社会经济发展的重要环节。

（三）稳定性

职业的产生、发展和消亡是一个较长的周期过程，受多种因素综合影响。职业必须具有在一定时期内的相对稳定性，临时性的活动不能被称为职业。但在今天，职业的稳定性有所降低，一些职业随着技术更新速度的加快，其消亡周期在缩短。

（四）技术性

职业的技术性指不同职业具有不同的技术要求，每一种职业都表现出与其相应的技术要求。在进入知识经济时代后，各行各业对知识、技术的要求相对更高，各种职业的技术含量也不断增加。因此，职业的技术性更加突出。

（五）专门性

任何职业都是不断发展和完善的。因此，它的专门性越来越强，专业化程度也越来越高。比如，公认的专业化程度高的职业是医生、律师、工程师及教师等，社会对这些职业的要求越来越高，它们都具有其他职业不可替代的特点。一些传统职业，看似专业性不强，但随着社会的发展，其要求也不断提高，如环卫工作已不仅是打扫卫生，更主要的是垃圾分类、处理等，其技术性要求越来越高。

（六）群体性

首先，职业具有一定规模，是群体的共同行为，从业人员达不到一定数量的劳动不能称为职业。其次，职业体现从业群体的智慧和主张，从业者明确岗位责任、目标一致，通过群体努力共同完成职业要求。

（七）规范性

每种职业都有一定的从业标准和职业道德，即所谓的“行有行规”。比如，对知识、技术的要求，具体职业操作流程和质量标准，应承担的责任和义务等。

（八）时代性

职业是不断发展变化的，新的职业不断产生，旧的职业不断消亡。时代不同，职业也有所不同，每个时代都有自己的特色职业。

（九）多样性

随着社会分工越来越细，职业的种类也必将越来越多，且具有多样性特点。随着社会的发展，一些职业的专业性越来越强，其需要的知识、技术越来越深，职业的差别也越来越大，已很难再出现精通各个岗位或领域的专家，这也是职业多样化的结果。

（十）发展性

职业的发展性是强调职业对人自身发展体现出的价值，人通过将自己的智慧和精力奉献给所从事的职业，使自己的人生价值得以体现。可以说，职业是人发展的舞台，任何人的发展都离不开职业。人的不断发展和进步，也正是职业对其提出的新要求，人们需要不断适应新变化。

三、职业的分类

职业分类，是指按照一定的规则、标准及方法，按照职业的性质和特点，把一般特征和本质特征相同或相似的社会职业，分成并统一归纳到一定类别系统中去的过程。

1999 年 5 月正式颁布的《中华人民共和国职业分类大典》是我国第一部对职业进行科学分类的权威性文献。其把我国职业划分为由大到小、由粗到细的 4 个层次：8 个大类、66 个中类、413 个小类、1838 个细类。细类为最小类别，即职业。

第一大类：国家机关、党群组织、企业、事业单位负责人，其中包括 5 个中类、16 个小类、25 个细类；

第二大类：专业技术人员，其中包括 14 个中类、115 个小类、379 个细类；

第三大类：办事人员和有关人员，其中包括 4 个中类、12 个小类、45 个细类；

第四大类：商业、服务业人员，其中包括 8 个中类、43 个小类、147 个细类；

第五大类：农、林、牧、渔、水利业生产人员，其中包括6个中类、30个小类、121个细类；

第六大类：生产、运输设备操作人员及有关人员，其中包括27个中类、195个小类、1119个细类；

第七大类：军人，其中包括1个中类、1个小类、1个细类；

第八大类：不便分类的其他从业人员，其中包括1个中类、1个小类、1个细类。

职业的分类 单位：个

大类序号	大类名称	中类	小类	细类（职业）
一	国家机关、党群组织、企业、事业单位负责人	5	16	25
二	专业技术人员	14	115	379
三	办事人员和有关人员	4	12	45
四	商业、服务业人员	8	43	147
五	农、林、牧、渔、水利业生产人员	6	30	121
六	生产、运输设备操作人员及有关人员	27	195	1119
七	军人	1	1	1
八	不便分类的其他从业人员	1	1	1
合计	—	66	413	1838

四、职业的特征

（一）职业的社会性

从社会角度看，职业是劳动者获得的社会角色，劳动者为社会承担一定的义务和责任。从职业的社会分工看，职业具有社会性，社会离不开各职业，同时各职业也离不开社会中其他职业的协助，只有通过协作和分工才能使职业具有价值。

（二）职业的规范性

职业的规范性是指职业活动必须符合国家法律和社会道德规范，符合特定生产技术和技能规范要求。不同职业在其劳动过程中都有一定的操作规范性，这是保证职业活动的专业性要求。当不同职业对外展现其服务时，还存在一个伦理范畴的规范性，即职业道德。这两种规范性构成了职业规范的内涵与外延。

（三）职业的功利性

职业的功利性也叫职业的经济性，是指职业作为人们赖以谋生的劳动过程中所具有的逐利性一面。职业活动中既满足了职业者自己的需要，同时也满足了社会的需要。只有把职业的个人功利性与社会功利性结合起来，职业活动及其职业生涯才具有生命力和意义。

（四）职业的技术性

职业的技术性是指不同职业具有不同的技术要求，每一种职业都表现出与其相应的技术要求。

（五）职业的时代性

职业的时代性是指科学技术的变化导致人们生活方式、行为习惯等因素变化而使职业打上了时代的“烙印”。

五、职业资格

职业资格是对从事某一职业所必备的学识、技术和能力的基本要求。职业资格包括从业资格和执业资格。从业资格是指政府规定专业技术人员从事某种专业性工作的学识、技术和能力的起点标准。执业资格是指政府对某些责任大、社会通用性强、关系公共利益的专业技术工作实行准入控制，是专业技术人员依法独立开业或独立从事某种专业技术工作学识、技术和能力的必备标准。

《劳动法》第八章第六十九条规定：“国家确定职业分类，对规定的职业制定职业技能标准，实行职业资格证书制度，由经过政府批准的考核鉴定机构负责对劳动者实施职业技能考核鉴定。”《职业教育法》第一章第八条明确指出：“实施职业教育应当根据实际需要，同国家制定的职业分类和职业等级标准相适应，实行学历文凭、培训证书和职业资格证书制度。”这些法律条款是确定国家推行职业资格证书制度和开展职业技能鉴定的法律依据。

职业资格证书是劳动就业制度的一项重要内容，也是一种特殊形式的国家考试制度。它是指按照国家制定的职业技能标准或任职资格条件，通过政府认定的考核鉴定机构，对劳动者的技能水平或职业资格进行客观公正、科学规范的评价和鉴定，对合格者授予相应的国家职业资格证书。

我国职业资格证书分为五个等级：初级工（五级）、中级工（四级）、高级工（三级）、技师（二级）和高级技师（一级）。

六、职业声望

对职业声望的研究，始于19世纪末期。1897年，W. 亨特在研究美国职业的社会地位时，将职业分为产业主级、秘书级、熟练工人级和非熟练工人级四个等级。1925年，G. 康茨第一次使用他编制的职业声望量表，对美国的职业声望进行调查。

（一）职业声望的含义

职业地位是指人们对职业的主观认识态度，反映了一定社会发展阶段和一定时期内人们的职业价值观，通常通过职业声望的形式表现出来。职业声望是通过选取有代表性的职业进行职业调查，通过对职业地位资源状况，如权利、工资、晋升机会、发展前景、工作条件等的主观判断，所得出的职业等级序列。职业声望是职业地位的反映，也是人们对职业的社会评价。它是职业社会学研究的范畴之一。

（二）职业声望的评价

决定职业声望高低的因素主要有四项，包括职业社会功能、职业社会报酬、职业环境条件和职业素质要求。

1．职业社会功能

职业社会功能是指一定的职业对提高国家政治、经济、科学、文化水平的意义及其在社会生活中对人民的共同福利所担负的责任。

2．职业社会报酬

职业社会报酬是指职业提供给任职者的工资收入、福利待遇、晋升机会、发展前景等。一般来说，工资收入高、福利待遇好、晋升机会多、发展前景好的职业，其声望评价也越好。

3．职业环境条件

职业环境条件是指任职者所能获得的工作条件的便利与社会经济权利的总和。包括职业的自然环境与社会环境，如工作的技术条件、空间环境、劳动强度、工资收入、福利待遇、晋升机会等。

4．职业素质要求

职业素质要求是指不同的职业对任职者各项素质的要求，如文化程度、能力、政治态度、道德品质等。职业环境越好，职业功能越大，任职者素质越强，职业声望就越高。人们对职业声望的评价具有相当大的一致性。

职业声望是以上四项因素的综合反映和综合作用的结果，任何单项都不能全面地反映职业声望的状况。

职业地位是现实的，也是历史的、发展的。从就业方面来说，人们都愿意选择职业声望高的职业，或者是从职业声望较低的职业流向职业声望较高的职业。但是，有时也会出现一些非常规现象，如把收入高或地区作为择业的单一指向，而不顾及职业声望。事实上，职业虽然有地位上的差别，但其对社会的贡献只是分工不同而已。对大学生来说，需掌握职业声望的评价因素及影响因素，避免出现从众、攀比等择业现象。

七、职业发展趋势

2021 年 3 月 18 日，人力资源社会保障部发布我国第四批新职业。这批新职业包括二手车经纪人、汽车救援员、调饮师、食品安全管理师、服务机器人应用技术员、电子数据取证分析师、职业培训师、密码技术应用员、建筑幕墙设计师、碳排放管理员、管廊运维员、酒体设计师、智能硬件装调员、工业视觉系统运维员、集成电路工程技术人员、企业合规师、公司金融顾问、易货师共 18 个。

此次发布的信息主要有以下特点。

（一）数字化技术发展催生出新职业

随着互联网技术的发展，2012 年，“电子数据”作为新的证据形式被纳入《中华人民共和国刑事诉讼法》，电子数据取证作为一种全新的取证技术广泛应用于刑事诉讼活动中。电子数据调查分析服务也由司法机关逐渐延伸至其他行政执法部门和大型企事业单位。“电子数据取证分析师”被纳入职业分类目录，将有效推进该职业规范化、专业化建设，为公共环境健康安全提供有力的科技保障。

密码技术被公认为保障网络与信息安全最有效、最可靠、最经济的技术。随着数字经济的快速发展，密码服务也扩展到物联网、智慧城市等多方面，呈现出智联智融的特征，催生出隐私保护、零信任、多方安全计算等新型密码技术。为规范密码应用和管理，2019 年，十三届全国人大常委会第十四次会议审议通过《中华人民共和国密码法》，提出“国家加强密码人才培养和队伍建设”。“密码技术应用员”作为密码技术应用供给侧、用户侧、监管侧的主力军，将为数字经济的安全、融通、监管等方面保驾护航。

近年来，随着我国人口老龄化程度持续加深，劳动年龄人口减少以及人力成本上升，各行业、产业对服务机器人的需求快速增加，服务机器人已广泛应用在教育、娱乐、物流、安防巡检等领域。特别是新冠肺炎疫情发生后，服务机器人在医疗、餐饮等方面的应用迎来爆发式增长。“服务机器人应用技术员”直接负责服务机器人的需求反馈、应用与推广，是推动服务机器人产业发展的重要人才支撑。

此外，“集成电路工程技术人员”“智能硬件装调员”“工业视觉系统运维员”等都是数字化技术发展和变革催生出的新职业，这些新职业对促进数字经济的健康发展具有重要意义。

（二）企业高质量发展孕育出新职业

扎实推动经济高质量发展和提升企业国际竞争力，对企业合规建设提出了更高要求。企业合规管理是指对企业法律、财务、审计、进出口、劳动环境、社会责任等多方面进行合规管控，具有较强的综合性、独立性和技术性。近年来，政府出台了一系列企业合规管理政策及指引，如《企业海外经营合规管理指引》《中央企业合规管理指引（试行）》等。“企业合规师”将在规范企业投资经营行为、注重环境保护、履行社会责任、提高企业竞争软实力等方面发挥积极作用。

融资是企业生存发展的重要业务，企业通过“公司金融顾问”对接金融机构和金融市场，可有效避免投融资信息不对称等问题，还可在实现金融结构调整的同时，培育出新的业务和商机。银行等金融机构也可通过“公司金融顾问”拓展多元化业务，平抑经济周期波动带来的风险，提升服务实体经济效能。

借助现代信息技术手段，通过高效实用的以物易物平台，对剩余资产进行有效整合，实现资源快速互通和对接，已成为企业突破地域限制、实现自由对接，解决资金短缺、产品积压问题的重要手段。专业“易货师”能系统运用资源整合理论，促进产、供、销和谐分配和优化资源，有效解决产品迟销、滞销、停销问题，是易货企业所急需的新兴复合型人才。

（三）绿色发展理念和食品安全要求涌现出新职业

党的十九大提出，“建立健全绿色低碳循环发展的经济体系”。2020 年底，生态环境部出台《碳排放权交易管理办法（试行）》，推动经济发展方式向绿色低碳转型。碳排放管理是一项技术性、综合性较强的工作，需要掌握相关碳排放技术，熟悉政策和标准，做好碳排放规划、核算、核查和评估等工作。因此“碳排放管理员”新职业应运而生。这一职业从业人员将在碳排放管理、交易等活动中发挥积极作用，有效推动温室气体减排。

食品安全关系人民群众身体健康和生命安全，关系社会和谐稳定，是重大的民生问题。随着生活水平的不断提高，食以安为先的要求更为迫切。国家在加强食品安全监管的同时，也需要引导食品生产经营单位自主开展食品生产、流通、销售、服务等全流程的安全控制，全面提高食品安全质量。“食品安全管理师”作为食品生产、餐饮服务和食品流通等活动中从事食品安全风险控制和管理的人员，未来会有巨大的市场需求。

（四）人民日益增长的美好生活需要派生出新职业

汽车的更新换代带来大量二手车交易需求，且交易方式呈现出复杂化、多样化和专业化的趋势。二手车交易涉及品牌认证、拍卖交易、委托交易及各种金融服务、质保等业务，从而催生出专业的“二手车经纪人”，其通过提供专业化的交易咨询和交易服务，维持公平、公开、透明的交易秩序，提高交易效率，满足了公众对汽车的个性化需求。

随着生活模式的改变和生活节奏的加快，原先单一的茶叶、牛奶或酸奶等饮品，已难以满足消费者的多样化需求，近年来出现了将茶叶、奶、果蔬等融合开发出的新式可口健康饮品，广受群众特别是年轻人的喜爱。“调饮师”作为新兴职业，不仅有利于促进灵活就业，还可带动茶叶、奶类及果蔬等产业的发展。

新职业的发布，对于增强从业人员的社会认同度、促进就业创业、引领职业教育培训改革、推动产业发展等，都具有重要意义。新职业发布后，人力资源社会保障部将会同相关部门和单位加快新职业的职业标准开发，指导人才培养培训，提升从业人员素质和能力，打造数量充足、素质优良的从业人员队伍。

职业发展到今天，进入了一个新的时期。新知识、新技术层出不穷，相应的产业结构将加快调整和升级。因此，职业的发展趋势会从以下三方面发生改变。

一是面向第三产业类的职业、与高新技术有关的职业更加发达。随着社会的发展，以服务为主的第三产业类职业将得到全面发展，在产业结构中的比重将得到很大提高。据统计，在发达国家第三产业的产值占 GDP 的比重已达 60%～70%，而我国第三产业的产值仅占 GDP 的 40%左右，这说明我国第三产业的发展空间非常大。相应的职业必将不断扩大规模，越来越发达。科学技术突飞猛进，高新技术产业、高效益产业、轻型产业、洁净型产业的比重越来越大，大量新技术、新工艺、新设备运用到各产业领域，这也必将带动相关职业得到突飞猛进的发展。

二是职业的综合化、智能化、专业化程度越来越高。从职业的专业化程度方面分析，职业中的知识要求将越来越丰富、技术含量将越来越高。现代教育之所以要普及，要与生产劳动相结合，人的平均受教育年限越来越长，都是因为职业需要越来越多和越来越新的知识、技术；而高新技术产业的相关职业更是离不开强大的智力、技术、人才支持。而且，一个职业所需要的知识、技术已经不是单一的了，而是越来越丰富和复杂，需要从业者具备综合职业能力。

三是传统职业将萎缩，新的职业将不断涌现。任何一个职业都要不断发展，甚至消亡，新的职业也会不断涌现。在当前，职业的发展、变化及更替将更加迅速。现代社会化大生产的显著特点之一是市场竞争激烈，产品更新换代速度加快，必将不断催生新的职业。

思考与练习

画出家族职业树

家族成员对个人职业选择乃至生涯发展都有深远的影响，以画图方式描绘家族职业树，了解家族对个人职业的影响，促进对自我职业生涯的认知。

操作步骤如下：

1. 在“树梢”处填上个人爱好的职业（可填数种）。

2. 将家族中各人的职业分别填入树的枝干上（各枝干代表家族成员，标出称谓），由于各人职业可能有所变动，可同时填上目前职业与先前从事过的主要职业，并将与咨询对象有密切关系的重要人物圈起来。

3. 将家族人员职业的共同特点填在“树根”处。

4. 老师与学生（或学生之间进行分组）共同讨论“家族职业树”，可以通过下列问题引向深入。

（1）对家族中各人的职业有何感想？

（2）如何知道他们希望我选择何种职业？

（3）个人在兴趣、能力、体能、外貌等方面与家族中谁最相似？他们从事的职业与你的偏好有何关联？

（4）家族成员对自身工作中最满意的是什么（如休闲时间、工作机遇、福利待遇等）？

（5）家族成员的工作习惯与其从事的职业特质构成他们对所从事职业满意（或不满意）的因果关系。

5. 经过上述讨论，老师可以进一步引导学生探讨"家族职业树"中各种职业的优点与缺陷（如普通的职业对个人与社会的正面价值，或高层次职业的负面影响等）。

第二节　掌握探索方法

案例导入

李红是某高职院校国际贸易专业大二学生。两年的学习并没有使她明确毕业后的就业方向，她听很多人说国际贸易专业是"万金油"，学这个专业的学生很多。如何才能在竞争中脱颖而出？需要具备哪些其他知识或技能？除了自己所知道的外贸销售人员、外贸跟单员、报关业务员的岗位外，还有什么工作可以选择？需要什么技能？与外贸相关的工作环境是怎样的？……李红对自己的未来很迷茫。

启示

李红的问题也是很多学生遇到的问题，其产生的主要原因是在校期间对自己将来所要从事职业的工作内容、工作环境没有做过深入了解，对自己可能面临的职业世界图景不甚清晰，没有对职业环境做过有效的考察与分析。于是，他们表现出一种矛盾的状态，一方面有着时代青年强烈的成就动机，另一方面又不清楚自己未来的职业方向，处在焦虑和迷茫的状态。因此，高职学生很有必要进一步探索职场环境。

探索职场环境的方法有很多，不同方法得到的信息会有不同的特点，个人体会也会不同。本节将介绍探索职场环境的方法，同学们可以结合自身实际，选择最适合自己的方法。

一、职业实践

职业实践（岗位实习）是最好的职业探索方式。它的特点是直接、具体、感悟深刻。职业实践可具体选择一个岗位，亲自投入该岗位实践，了解该岗位的实际工作情况。

（一）做好校内每项工作

在大学期间，校内有许多职业实践机会，诸如担任学生干部、开展勤工俭学、在校内实习基地实习、加入学生社团等等。大学里的学生干部从校级、院级、系级到班级，从学生会主席到班级小组长，既是协助学校和老师做好有关学生管理工作的帮手，也是供学生自我锻炼的舞台。能够担任干部的同学就应认真投入，树立服务同学的良好心态，积极组织开展相关活动，努力完成自己的职责，这样才能使自己的综合素质得以提高，并逐渐培养自身的组织、沟通、协调及管理能力。大多数同学可以寻找校内勤工俭学机会，比如，协助保卫部门维护学校治安、课余在学校餐厅打工、协助老师处理简单的办公室工作等。这些活动，可以培养学生的实践技能，使学生养成良好的工作态度。校内实习基地是大学生进行实践活动的另一重要场所，专业技能只有通过亲自动手才能掌握，因此，大学生应该重视每一次课程实习，积极参与其中。学生社团也是校园内学生进行实践活动的平台。学生可以根据自己的兴趣和需要，有选择地参加学生社团，并积极参与社团活动，踏踏实实做好自己的工作，使自身综合能力得到提高。

需要注意的是，实践并非越多越好，过多的实践、过重的工作任务，必然会影响学业。因此，大学生开展实践活动不要盲目求多，只需选择其中某一项或两项工作认真做好即可，这样才能终身受益。

（二）寻找校外实践机会

相对校内实践来说，校外职业实践较为复杂，但更能锻炼人。上大学期间，课余时间较多，怎样合理安排业余时间，是每位大学生都需要认真考虑的。在保证课程学习和适当休闲的同时，大学生不妨主动出击，寻找并从事与自己兴趣、专业相关的课余兼职。同样，寒暑假也可以结合自己的专业参加学校组织的假期实践活动，或者通过各种方式到与所学专业相关的用人单位打工。即使找不到与专业相关的工作，做一些简单的杂务，甚至是纯体力工作也是很有价值的，至少可以锻炼吃苦耐劳的精神。通过校外实践，大学生不仅可以对自己有更为深入的认识，还可以更清楚地了解社会就业需要，培养职业能力，发现适合自己的工作岗位，为今后顺利就业打下基础。

当然，大学生的校外实践要妥善处理好校外实践与课程学习的时间安排，还要处理好校内各种活动的冲突，并确保自己的人身安全。

二、生涯人物访谈

选择一个你准备从事工作领域的职业人，针对你的专业和兴趣等对其进行采访，并做出详细的访谈记录。在访谈之前，你要做出一个较为详细的采访提纲，内容包括对方的工作现状、工作历史、工作贡献、工作过程中所展现出的能力、对工作的感受、给你的建议等。

（一）生涯人物访谈步骤

第一步，确定访谈内容。访谈前先对自己意向的职业发展方向有个大致认识，确定访谈希望了解的内容和方向（如行业、企业、职业、职位方面的信息）。

第二步，确定访谈对象。结合自己的兴趣、技能、工作价值观、教育背景和已掌握的职业知识列出未来可能从事的几个职业，然后在每个职业领域寻找 3 位以上的在职人士作为生涯人物。生涯人物可以是自己的亲人、老师和朋友，或是他们推荐的其他人。

（注意：生涯人物的职业应是自己向往的。每个职业领域的生涯人物应结构合理，既有初入职场的人士，也有工作了一定年限的中高层人士。正式访谈前，对生涯人物的信息掌握得越全面越好，姓名、职务和联系方式是必需的，对于可以在生涯人物的讲话、文章或者大众传媒和单位网页上获得的信息要尽可能地收集并熟悉。）

第三步，选择访谈方式。结合访谈者实际情况选择访谈方式，包括面对面访谈、书面访谈（电子邮件、普通信件）和电话访谈，并提前与被采访者预约，电话方式最好。

第四步，准备访谈的清单。为提高访谈效率，须事先根据访谈对象的特点和内容任务设置不同的访谈内容清单。

第五步，进行访谈。营造良好的访谈氛围，注意尊重被访谈者，合理安排访谈的内容和顺序。在征得访谈者同意的前提下，视情况对谈话进行录音或书面记录；提问要灵活变通，注意观察被访谈者的工作环境，感受真实的工作氛围。

第六步，结束访谈。礼貌地表示感谢，可赠送小礼物，最好向被访谈者反馈自己的访谈收获。

第七步，整理访谈的结果。及时将生涯人物访谈的经过、所收集的资料和心得，整理撰写成《生涯人物访谈报告》。

（二）生涯人物访谈要点

1．职业资讯方面

（1）工作性质、任务或内容；

（2）工作环境、工作地点、工作时间；

（3）所需教育、个人资格或经验；

（4）所需训练技能；

（5）收入或薪酬范围、福利；

（6）组织文化和规范；

（7）内部培训和发展空间；

（8）未来发展前景。

2．生涯经验方面

（1）个人教育或训练背景；

（2）投入该职业的决策过程；

（3）生涯发展过程；

（4）工作心得体会（酸甜苦辣）；

（5）对工作的整体看法；

（6）获得成功的必备条件；

（7）未来职业规划；

（8）对后辈的建议。

三、收集、分析并评估职业信息

职业信息是关于职业和工作岗位的正确、有效的情报。包括职业的动向，劳动力的供应与需求，求职者的生理和心理素质要求，劳动报酬，职业前景与发展趋势等。职业信息的来源很广泛，总体上可分为正式渠道和非正式渠道。正式渠道有正规网站、人才市场、各类媒体等。各地的主要报刊、电视台、广播电台等媒体都会开设招聘信息、技能培训、政策法规等专题节目或者固定栏目。通过各种正规的人才网站和企事业单位的网站，学生可以获得用人信息、了解用人单位的状况及前景，还可以通过网络检索到有关职业的现状、趋势等。非正式渠道主要指通过人际关系了解职业信息。首先，在与同学、朋友交流的过程中要多谈兼职、打工和实习的感受，也可多与求职成功的同学交流，详细了解他们的经历，从而确立自己的目标与方向。其次，经常与父母、已工作的亲戚交流自己对工作的想法，他们会提供一些工作经验和人脉信息。最后，根据所学的专业或自己感兴趣的行业，有选择地和某些企业的职员、人事部门经理、总经理进行交流，了解相关的职业能力要求、工作环境及待遇、就业行情等更具价值的信息。

面对种类繁多的职业信息，大学生要学会鉴别。对于不同渠道得到的信息要进行比较、分析、鉴别和核实，可以通过电话咨询、查看网络，也可以查阅有关文件、政策法规，必要时可亲自到有关部门或找相关人士咨询，甚至进行实地考察。最后剔除虚假信息，筛出可靠信息，对其进行分类整理并予以妥善保管以备后用。具体可从以下渠道进行收集、分析和评估。

（一）通过各种渠道搜集职业信息

获取职业信息在大学生求职择业过程中非常重要，必须做好搜集职业信息的准备工作。目前，大学生通过校内外各种渠道可以获取的信息主要有以下几种。

1．校内网站（就业指导部门）发布的就业信息

帮助毕业生顺利就业是学校就业指导部门的工作，该部门对就业信息的占有量大于学校其他任何部门，在信息的可靠性与质量上一般可以保证，其就业信息是大学生首先应充分利用的。但这些信息是学校每名学生都可以获得的信息，自己的首选也可能是他人的首选，优秀的单位与岗位应聘竞争比较激烈。

2．校外人才市场或人才交流会发布的招聘信息

各地大多建立人才交流中心、各类劳务市场就业咨询机构，这是横向搜集信息的主渠道。这类单位会定期举办人才交流会、劳务洽谈会、招聘洽谈会等综合性人才招聘会，让用人单位与求职者（包括大学毕业生）能够见面、双向交流。由于其服务比较规范，大学生不仅可以直接获得准确真实的招聘信息，还能与用人单位直接交流，可以抓住时机，果断决策，甚至签订协议。这类活动招聘单位多、地区广、专业齐，寻找就业的机会比较多。当前，多数大学生就是通过综合性人才交流会找到的就业单位。

3．互联网上发布的人力资源市场的供求状况

互联网是备受大学生青睐的求职渠道。用人单位和大学生分别将招聘信息和求职信息挂上网公开，通过网络互相选择、直接交流。网上获取信息的优势不言而喻，其速度快、成本低、信息量丰富。大学生可以自由地从网上获取各种就业信息，轻松地对工作类别、地区和需求等条件进行全方位智能查询，快速准确地查询到包括行业、职能、工作地点、工资等信息。当查询到合适的招聘职位后，还可以直接通过网站把简历提交给招聘单位，很大程度上节省了求职者的时间。而且，网上求职无地域限制。同时，职业信息不仅包括企事业单位的招聘信息，还包括各种媒体传递的经济发展形势报告和趋势预测、国家或地区的产业和就业政策、政府机关和事业单位的人事机构改革方案及人力资源市场的供求状况等，甚至国家某项大的工程建设、某个地方的经济开发方案等具有价值的职业信息。另外，国家政策法规、国际交往、世界形势等都会影响就业形势和对人才的需求，这些都应关注。

但是，网上的信息五花八门、真假难辨，虚假信息相对来说占有一定比例。大学生在选择网站和辨识信息时要提高警惕，一定要登陆正规网站，及时下载重要的招聘信息，选择适合自己的岗位，有目的地递送自己的简历。同时，还要注意对自己的私人信息进行保护，防止资料泄露带来麻烦。

4．报纸等大众传媒广告提供的职业信息

通过报纸、杂志、广播、电视等媒介获取需求信息，已成为一种较为有效的途径。越来越多的报纸、杂志、电视栏目关注大学生就业，有些媒体还专门开辟“人才市场分析”“求职直通车”“就业政策咨询”等栏目，为人们的求职择业提供指导帮助。通过大众媒介提供的信息，不仅能了解具体的招聘单位，还可以获取当前人才需求的总体状况与发展趋势。当然，招聘广告面向社会，任何符合条件的人都可以前往应聘，如果单位好、职位好，竞争会很激烈；另外，不同于学校和熟人提供的信息，其可靠性需考察检验，防止因虚假广告而上当受骗。

5．人才中介代理机构提供的职业信息

人才中介代理机构提供的就业信息多数面向有经验的工作者，但仍不失为毕业生搜集就业信息的补充渠道。中介公司推荐的职位信息一般具有针对性，成功率相对较高。毕业生可以主动出击与中介取得联系，但是这种求职方式的缺点也非常明显，那就是中介机构是面向全社会的，并不只针对大学生，而且是有偿服务。因此，选择人才中介机构搜集就业信息一定要谨慎，要选择实力强、声誉好、效率高，得到有关部门从事中介服务许可的机构。同时，要对有关信息进行甄别、筛选。

6．通过社会实践获取的职业信息

高职院校承担服务区域经济的社会职能日益凸显，通过自身的教育资源优势与服务地方经济社会发展的需要相结合，是地方政府关注的重点。因此，其给在校大学生提供了大量的社会实践机会，如勤工助学、社会服务、毕业实习等。在社会实践过程中，大学生不仅可以通过自己的努力赢得用人单位的认可，培养社会实践能力，积累社会经验，还有机会接触到行业发展趋势、人才需求状况以及岗位用人要求等与大学生就业相关的信息，能加深对职业世界的了解，并在实践过程中弥补不足、改正缺点，从而提升自己的求职意识。不仅如此，大学生还应总结经验、抓住机遇，充分发挥自身专业优势特点，提升社会服务能力，主动融入地方经济建设和社会发展。

通过社会实践获得的信息准确、可靠，一些毕业生就是通过在实习中获得准确、有效的信息而顺利实现就业的。作为毕业生，尤其应当重视毕业实习，这也许是你通向就业成功大门的一把钥匙。

7．通过社会关系介绍获取的职业信息

利用各种社会关系获得职业信息是非常有效的渠道。大学生身边的亲友、师长、校友社会阅历丰富，社会交往广泛，拥有较多的社会资源，获取信息的渠道更多，对毕业生各方面情况也比较了解，更容易提供符合毕业生要求的信息。这些信息一般可靠、及时，针对性强，价值相对较高。所以，大学生要善于利用这些社会关系，拓宽就业信息来源。但其信息量小，没有比较、挑选的余地。

综上所述，就业信息有多种来源，各种来源的信息互为补充。大学生要熟练掌握、灵活运用，在搜集信息的过程中，要注意投入和产出的关系，尽量选择适合自己的搜集求职信息渠道，降低求职成本。

（二）职业信息的处理和应用

结合自己的实际情况，根据国家有关政策、法规对广泛收集来的信息进行筛选、整合、分析、处理，去伪存真、去粗存精，这是非常必要的。只有当信息具有准确性、全面性和有效性后，才能更好地为自己提供就业决策。

1. 职业信息的分析处理

信息既蕴藏着机会，也可能潜伏着陷阱，有时无比珍贵，有时却是一堆“垃圾”，因此分析鉴别所获取的信息非常重要。

第一，要确定信息的可靠程度。有些职业信息纯粹是骗人，有些是为了追求广告效应，有些是为了骗取廉价劳动力。当前，尤其要警惕由校友或老乡介绍的所谓高福利工作，这往往是传销骗局，一定要识别真伪。对那些道听途说、可信度低、可靠性差、失效的职业信息要及时删除。

第二，要鉴别信息的内容是否齐全。特别是自己想知道的细节没有或者不清楚时，要抓紧时间询问，或通过其他渠道了解，还可以在应聘时向招聘方现场提出。

第三，要根据自身实际情况获取有效信息。职业信息并不是越多越好，要找准与自己专业、兴趣、能力和特长匹配的信息，减少相关度低甚至无关的职业信息干扰。

第四，及时判断信息的时效性。一般来说，就业信息有很强的时效性，越新发布的信息越有价值。如果遇到那些写着“长期有效”的就业信息，大家要提高警惕。

总之，要等信息基本准确之后再做决定，这一步工作做好了，才能保证随后的工作按照正确的方向进行下去。相反，这一步工作判断错误，则会让毕业生求职过程一开始就处于被动地位，很可能给自己的心理和行为带来负面影响。

2. 职业信息的应用

第一，大学生在众多职业信息中选择对自己重要的信息。职业信息对自己是否重要的判断依据在于其是否适合自己。如某生物有限公司对企业文化的描述是“效率第一”，同学们在做职业规划时就要特别注意对时间管理能力的培养。

第二，要学会根据有用的职业信息及时调整自己的知识结构，尽量弥补不足。如用人单位需要熟练的电脑打字技能，同学们就应突击进行强化训练，以达到用人单位的要求。

第三，要将那些真实有效但不适合自己的信息及时与他人分享，这是减少竞争对手、扩宽自己人际关系的好办法。

四、尝试职业测验

目前，社会上的职业咨询机构和一些大学的心理咨询室都有职业测评系统。大学生可以通过职业测验了解自己的性格、气质、能力、职业兴趣。大学生常用的职业测验量表有：MBTI 职业人格测验，测量受测者在不同特点上的倾向水平，让受测者全面了解自己的总体个性偏好以及在工作中的优势和劣势；Keirsey 气质类型调查问卷，通过测量可以让受测者全面了解自己的个性偏好；EUREKA 技能问卷，帮助个体确定已拥有的技能并弄清自己在工作中最喜欢使用的技能；工作相关能力问卷 IWRA，帮助个体找出与其最强能力和技能相符合的职业；霍兰德职业兴趣量表，测量个体的人格类型所对应的职业兴趣类型；职业锚量表，测量个体的职业价值观，它是个人进行职业决策时的核心因素；大学生职业规划系统测验，测量大学生的职业优势与不足。

从该职业目前的发展概况、目前该职业对从业人员的普遍要求、该职业未来的发展态势分析三个方面对资料和数据进行整理与分析，得出某种职业的前景分析报告。个人因精力、认知、视野有限而无法依靠自己的力量理清思路时，选择专业且经历丰富的咨询师进行一对一的指导，是必要且有效的方式。

大学生在进行以上活动之后，要对各方面的条件进行权衡，兼顾自己的主观需求和客观现实，从而做出合理的职业选择。

思考与练习

生涯人物访谈报告

访谈人物：　　　　从事职业：

访谈日期：　　　　访谈地点：

职业资讯方面：

生涯经验方面：

访谈心得与反思：

第三节　提升分析能力

案例导入

刘芳从某外企跳槽到某民营企业后，发现该企业管理混乱，员工职责不清，工作流程也不科学。她希望进行工作分析，重新安排组织架构。老板非常赞同刘芳的做法，并支持开展了宣传和动员。

刘芳积极筹备一番后开始行动。不料，员工的反应和态度却是出乎意料地不配合。

“我们部门可是最忙的部门，我一个人就干3个人的活。”“我每天晚上加班到9点才回去，你们可别再给我加工作了。”刘芳经多方了解才知道，其前任也曾做过工作分析，还根据分析结果进行了大幅度的调整，不但裁减了大量的人员和岗位，还对员工的工作量做了调整，几乎每个人都被分配了更多的工作。有了前车之鉴，大家都忙不迭地夸大自己的工作量，生怕工作分析把自己“分析掉了”。

启示

员工不配合，有两个原因：一是测量工作负荷和强度使员工产生恐惧（历史原因）；二是工作分析中没有针对企业实际情况找到合适的方法及时进行调整。这些都会对工作分析的实施过程和对工作分析结果的可靠性产生影响。如果你是刘芳，你会怎么做？

对职场环境有了较为清晰的认识后，如何从有限的时间里选择最适合自己的方法，其本质就是研究。因此，强大的分析能力和正确的思维逻辑是必需的。

一、PDCA循环规则

PDCA循环是由美国质量管理专家沃特·阿曼德·休哈特（Walter A. Shewhart）首先提出的，由戴明采纳、宣传并获得普及，所以又称戴明环。全面质量管理的思想基础和方法依据就是PDCA循环。PDCA循环的含义是将质量管理分为四个阶段，即Plan（计划）、Do（执行）、Check（检查）和Act（处理）。在质量管理活动中，要求把各项工作按照制订计划、计划实施、检查实施效果，然后将成功的纳入标准，不成功的留待下一循环去解决。这一工作方法是质量管理的基本方法，也是企业管理各项工作的一般规律。

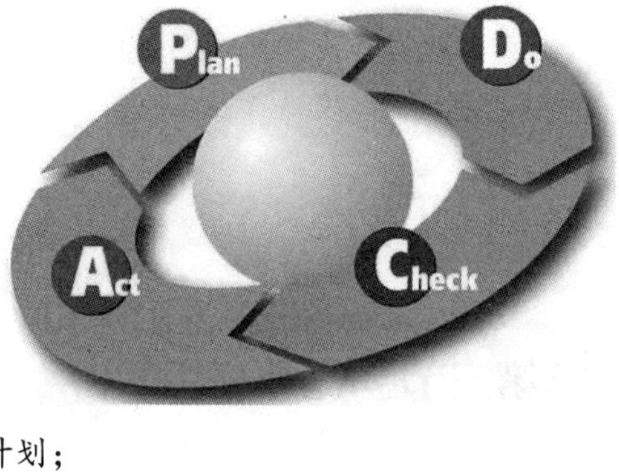

Plan：制订目标与计划；

Do：任务展开，组织实施；

Check：对过程中的关键点和最终结果进行检查；

Action：纠正偏差，对成果进行标准化，并确定新的目标，制订下一轮计划。

意义：每一项工作，都是一个PDCA循环，都需要计划、实施、检查结果，并进一步进行改进，同时进入下一个循环。只有在日积月累的渐进改善中，才可能有质的飞跃，才可能做好每一项工作，完善自己的人生。

二、6W2H 法

6W2H 法也叫八何分析法、6W2H 标准化决策&评价模型，是一种通用决策方法，也是一种通用创造技法。在企业管理和日常工作生活、学习中有着十分广泛的应用。

6W2H 通用决策为我们提供了科学的决策和工作分析方法，常常被运用到企业战略决策、制订计划以及对工作的规划与分析上，并能使我们提高效率，使工作有效地执行。由于 6W2H 通用决策思维模式和决策方法具有通用性和标准性，既可以运用于个人的行为决策、职业生涯规划，也可以用于对过去发生的决策行为进行价值评估。

6W2H 通用决策是一个以价值为导向的标准化思维流程，人们在追求理想和目标的过程中，都要经过选择目标（Which）→选择原因（Why）→功能如何（What）→什么场地（Where）→什么时间（When）→什么组织（Who）→如何提高效率（How to do）→性价比如何（How much）8 个方面提出问题并从中选择性价比最高的方法和路径来实现预定目标。

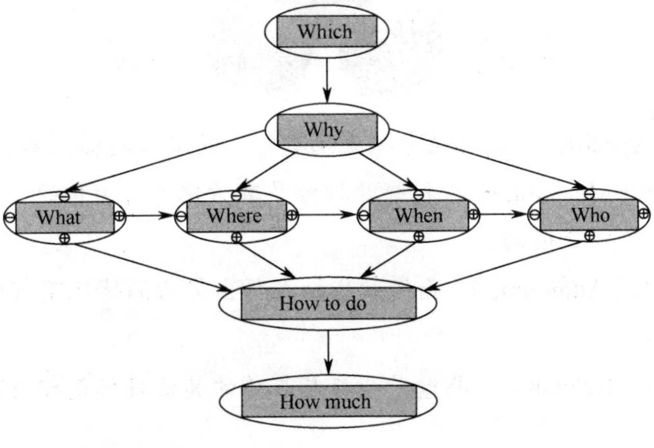

① Which：哪一种方法或途径？

② Why：做这项工作的原因；

③ What：工作的内容和达成的目标；

④ Where：工作发生的地点；

⑤ When：在什么时间、什么时间段进行工作；

⑥ Who：参加这项工作的具体人员以及负责人；

⑦ How to do：用什么方法进行？

⑧ How much：需要多少成本？

意义：做任何工作都应该从 6W2H 来思考，这有助于我们思路的条理化，杜绝盲目性。职场工作汇报也可以用 6W2H，这样能节约写报告及看报告的时间。

三、SMART 原则

SMART 原则是为了员工能够更加明确高效地工作，更是为了给管理者将来对员工实施绩效考核提供目标和标准，以使考核更加科学化、规范化，更能保证考核的公正、公平与公开。

目标管理认为在目标明确的条件下，人们能够对自己负责。目标管理的具体形式各种各样，但其基本内容是一样的。目标管理是一种程序或过程，它使组织中的上级和下级一起协商，根据组织的使命确定一定时期内组织的总目标，由此决定上下级的责任和分目标，并把这些目标作为组织经营、评估和奖励每个单位和个人贡献的标准。

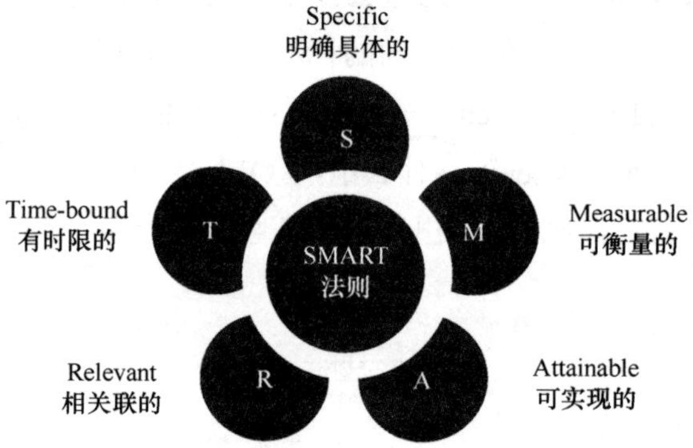

S 代表具体（Specific），指绩效考核要切中特定的工作指标，不能笼统；

M 代表可度量（Measurable），指绩效指标是数量化或行为化的，验证这些绩效指标的数据或者信息是可以获得的；

A 代表可实现（Attainable），指绩效指标在付出努力的情况下可以实现，避免设立过高或过低的目标；

R 代表相关性（Relevant），指绩效指标与工作的其他目标是相关联的，与本职工作也是相关联的；

T 代表有时限（Time-bound），注重完成绩效指标的特定期限。

意义：人们在制定工作目标或者任务目标时，应考虑一下目标与计划是不是 SMART 化的。只有具备 SMART 化的计划才是具有良好可实施性的，才能指导和保证计划得以实现。

思考与练习

头脑风暴——拓展职业范围

将全班进行分组，每组 6～8 人。请各小组同学列举出与手机相关的尽可能多的职业，并将所有能联想到的职业都记录下来。分组上台，结合实际情况，运用以上任一方法说一说自身与所选择职业的匹配度。

第五章　评估与修正职业规划

思政目标

■ 树立目标，制定合理的职业生涯规划

■ 培养好的职业素养，为就业和创业做好准备

学习目标

■ 能够确立职业生涯目标并设计职业生涯规划书

■ 掌握职业生涯决策的原则和方法，对职业生涯规划进行评估与修正

第一节　确立职业生涯目标

案例导入

小方，某高职院校宠物医疗技术专业大三学生，该学院宠物医疗技术专业的学生就业向来供不应求。入学以来，小方非常热爱学习，成绩一直都在班级排名前五。社会实践方面，小方一直在校外宠物医院兼职，多次获得顾客的好评。此外，小方性格外向，爱与人交往，经常参加学院组织的志愿者活动。

面临毕业，小方十分苦恼。目前，他身边的小伙伴们都积极准备专升本，想提高自己的学历。而小方在专升本和就业方面有些犹豫。他深感自己学历不足，想通过专升本提高自己的竞争力，可因家庭贫困，继续深造只会给家里增加负担。另外，父母也希望他能尽早就业，找到一份稳定的工作。当看到身边的小伙伴不断努力考专升本时，他更加焦虑了，不知道如何选择，非常希望能够做出一个让自己不会后悔的决定。

启示

从案例可以看出，小方在大学期间并没有规划自己的职业生涯，这是导致他在毕业时期存在焦虑的主要原因。小方的焦虑代表着一大批学生目前的状况，许多学生到毕业时还不清楚自己的职业方向，在毕业来临时感到迷茫。

《拆掉思维的墙》一书中写道："有目标的人穿越困难航行，无目标的人躲避困难漂泊。"当人们有了明确的目标，并且把自己的行动和目标不断加以对照，清楚地知道自己的行进速度与目标距离时，行动动机就会得到维持和加强，人就会自觉地去克服一切困

难，努力达到目标。可想而知，目标对于一个人有多么重要。那么，我们到底应该怎样去确定目标呢？

一、职业生涯目标的定义

职业生涯目标是指人们对未来职业表现出来的一种强烈的追求和向往，是人们对未来职业生活的构想和规划。在准确对自己和环境做出评估之后，我们可以确定适合自己、有实现可能的职业发展目标。

在确定职业发展目标时，要注意自己性格、兴趣、特长与选定职业的匹配，更重要的是考察自己所处的内外环境与职业目标是否相适应，既不能妄自菲薄，也不能好高骛远。合理、可行的职业生涯目标的确立，决定了职业发展中的行为和结果，是制定职业生涯规划的关键。

二、职业生涯目标的类别

职业生涯目标包括人生目标、长期目标、中期目标、短期目标。首先，要以个人的最佳才能、最大兴趣、最有利环境等信息为依据，确立自己的人生目标和长期目标；其次，要把人生目标和长期目标进行分化；最后，根据个人经历和所处的组织环境制定相应的中期目标和短期目标。

（一）人生目标

人生目标也叫终极目标，是对整个人生进行规划时所确立的目标，时限可长达 40 年，即这一生希望自己最终能过上什么样的生活，成为一个什么样的人。

（二）长期目标

长期目标一般为 5～10 年的目标。它通常比较抽象、不具体，在设计时以勾画轮廓为主。如规划 30 岁时成为一家中型公司的部门经理，规划 40 岁时成为一家大型公司的副总经理，等等。其主要特征有：符合自己的兴趣、价值观，能为自己的选择感到骄傲；目标是认真选择的，和社会发展需求相结合；有实现的可能，具有挑战性；目标与志向相吻合，能够立志通过努力实现理想。

（三）中期目标

中期目标一般为 2～5 年的目标与任务，相对于长期目标要更具体一些。如参加一些能提高自己水平的培训并获得等级证、规划到不同业务部门做经理等。其主要特征有：目标是结合自己的志愿、社会环境及要求制定的，通常与长期目标保持一致；目标基本符合自己的兴趣、价值观，使人充满信心，且愿意将其公之于众；目标有比较明确的执行时间，实现的可能性非常大，可做适当的调整。

（四）短期目标

短期目标一般为 2 年以内的具体目标，与自我价值观和中长期目标一致，如 2 年内需要掌握哪些业务知识等。其主要特征有：目标表述清晰、明确、精练，切合实际；有具体的完成时间；有明确的努力方向，通过努力能达到适合环境需要的能力，实现起来完全有把握。

知识拓展

职业发展路线图

典型的职业发展路线图是一个 V 形图（如下图所示）。假如一个人 24 岁大学毕业参加工作，即 V 形图的起点是 24 岁。从起点出发，向上发展，V 形图的左侧是行政管理路线，右侧是专业技术路线。将两边的路线分成若干等份，每一等份代表一个年龄段，并将专业技术的等级、行政职务的等级分别标在路线图上，作为自己的职业生涯目标。

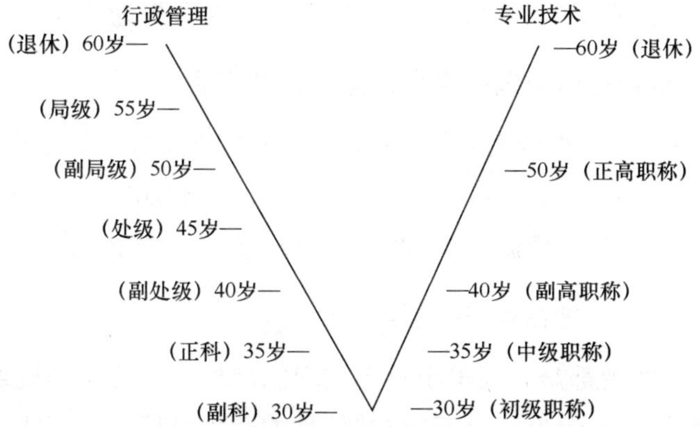

职业发展路线图

三、确立职业生涯目标的具体步骤

根据耶鲁大学目标设定的 7 个步骤，职业生涯目标的确立可按照下面的步骤具体实施。

（一）拟出期望达到的目标

拟定一个或多个自己期望的具体目标，目标可大可小。如今日要完成某项任务、大二要通过英语四级考试等。无论制定什么目标，都要与自己的个人发展、兴趣爱好等相关联，在一定时间内可以达成，并符合 SMART 原则。目标确立，后续的事情才可以有针对性地展开。

（二）列出达到目标的好处

当我们拟定一个目标时一定有它的理由，这个理由便是我们愿意为之努力的动力。

譬如我考过了英语四级，加强了自己的专业知识和技能，提升了自己的职场竞争力等。这些好处将成为我们坚持下去的强心剂。

（三）列出可能遇到的阻碍，找出相应的解决方法

所谓“有备无患”，就是制定目标时应该具备风险意识，也就是对目标实现过程中可能出现的阻碍制订应急方案。把实现目标过程中可能面临的障碍一条一条列出来，例如时间不够用、精力有限等，然后进一步分析，找出相应解决问题的方法和途径；同时，可根据阻碍，对目标做出适当的筛选、舍弃。

（四）列出实现目标所需要参考的资源

实现目标所需的资源首先是自身的知识和技能。例如，小张毕业后想去企业从事人力资源管理工作，那么他就需要有人力资源管理的相关知识和技能，考取相关的职业资格证书。获取知识和技能的途径可以是到培训机构接受相关专业知识与技能的培训等。有充足的资源作为目标实现的支撑力，执行起来内心才会更为笃定。

（五）列出为达成目标所必需的合作对象和外部资源

当凭自己一个人的能力很难完成某项目标时，我们需要敢于并善于寻求他人的帮助。能够搜索到可以合作的对象并合作成功，也是一项非常重要的能力。除了人力帮助之外，也可以是一定的信息资源和物质资源，例如图书馆的书籍、新闻资讯、资金或物质上的支持等。

（六）制订行动计划，把目标进行层层分解

每个重大目标的实现都是一连串小目标实现的结果。职业生涯规划的实现具有阶段性，不可能一蹴而就、一步到位。应该把整体性的远大目标，分解成一个个小的目标单元，分步骤、分阶段地逐一实现。比如，你想当一名成功的企业家，但很难一毕业就成为名副其实的企业家，而是必须从基层一步一个脚印地做起，必须在不同阶段分别找准自己相应的位置，并扮演相应的角色。下面介绍两种分解职业目标的方法。

1. 剥洋葱法

实现目标的过程是由现在到将来、由小目标到大目标，一步步前进的。但是，设定目标的最高效方法则是与实现目标的过程正好相反，即运用“剥洋葱法”，由将来到现在，由大目标到小目标层层分解，像剥洋葱一样，将大目标分解成若干个小目标，再将每一个小目标分解成若干个更小的目标，一直分解下去，直到现在该去干点什么。

在进行个人生涯规划的过程中，我们可以这样运用剥洋葱的方法。首先，找到自己的梦想，再将梦想明确化，变成我们人生的终极目标。然后，把终极目标分解成几个五年至十年的长期目标；然后继续分解下去，把每个长期目标分解成若干个两到五年的中期目标；然后把两到五年的中期目标，分解成若干个两年以内的短期目标；然后将每个

短期目标，分解成月目标、周目标、日目标，最后一起分解到现在该去干些什么。

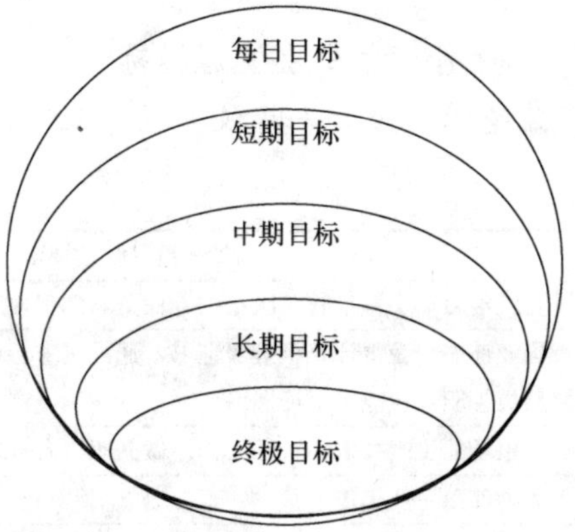

目标分解——剥洋葱法

2．多杈树法

一棵大树从树干开始就会有若干个分枝，每个分枝会有更小的树枝，直到叶子。我们将树干表示大目标，每个树枝表示小目标，叶子就是我们现在的目标，或是我们现在要去做的每件事情所应该达到的结果。

首先，弄清楚大目标和小目标之间的逻辑关系。大目标是小目标的结果，小目标如果全部实现，那么大目标就一定会跟着实现。

其次，写下一个大目标，列出实现该目标的必要条件和充分条件。完成这些条件，就是达成该大目标之前必须先达成的小目标。每一个小目标就是大目标的第一层树杈。

最后，列出达成每一个小目标所需要的必要条件和充分条件。这样就会变成各处的小目标的第二层树杈。

如此类推，直到画出所有的树叶，才算完成该目标的多杈树分解。每个目标最后可以被描绘成一棵枝繁叶茂的大树。

从叶子到树枝，再到树干，不断地问："如果这些小目标均达成，那么大目标一定会达成吗？"如果回答是"是"，表示这个分解任务已经完成；如果回答是"不一定"，表示所列出的条件还不够充分，需继续补充被忽略掉的树枝。一棵完整的目标多杈树，就是一套完整的达成该目标的行动计划。因此，目标多杈树又称为计划多杈树。

（七）确定达成目标的期限

职业生涯规划的目标必须具有明确的截止期限，可依据目标完成的任务难度、工作量等情况来设定目标的完成期限。有的同学缺乏外界压力，或是没有内在动力，不会积极主动地完成一件事，制订了一份详细的计划表，却常常不能保证在期限里完成任务。因此，大学生需要不断地自我激励，以促进大学阶段目标的实现。

知识拓展

小李的职业生涯目标

基本情况：小李，男，某高职院校大一畜牧兽医专业学生，职业目标是成为养殖企业技术总监。

时　间	目标名称	具体目标
19到22岁	成果目标	通过实践学习，了解畜牧兽医相关专业基本知识，顺利毕业，并进入企业工作
	学历目标	取得毕业证书，获得计算机等级证书，通过国家英语等级考试，考取动物疫病防治员、家畜繁殖员等职业技能等级证书
	能力目标	从事养殖场的生产技术、管理工作，做兼职，有一定的实践经验
22到28岁	职务目标	进入大型养殖企业工作
	能力目标	了解企业文化，掌握本职位基本工作，熟悉养殖企业生产的各个生产单元，掌握各种仪器设备的使用，具有较强的沟通和协调能力
	经济目标	到28岁时，年薪6万～10万元
	学历目标	考取专升本文凭、考取执业兽医资格证
28到35岁	职务目标	养殖场场长
	能力目标	带领团队从事养殖生产工作，业绩在其他生产团队中居于领先地位，与下属及其他团队人员保持良好关系，参与部门工作讨论决策，与上级主管及部门经理无障碍沟通，与业务单位紧密联系
	经济目标	年薪12万～15万元
	学历目标	获取出国学习的机会
	个人目标	结婚生子
35到42岁	职务目标	企业技术总监
	能力目标	带领手下各个团队制订计划，向上级提交出色的业绩，逐步形成自己的管理理念，向上与公司高层管理人员有一定接触，发展私人关系，初步了解企业运作机制，培养应急处理能力；向下与领班及业务员保持自由沟通，维持私人关系，与业务单位保持紧密联系
	投资目标	开始利用手头闲置资金，投资企业项目，购买企业内部股份，获取利润
	经济目标	年薪17万～20万元
	学历目标	获取出国学习考察调研机会
42到52岁	职务目标	企业省级片区负责人
	能力目标	打造部门文化，制订部门战略计划，与其他部门保持有效沟通，参与企业重大决策，与高层管理人员保持密切联系，团结部门人员，与下属保持亲密接触。拓展人脉，与其他企业中高层管理者保持工作上及私人联系，在业界有一定知名度
	经济目标	年薪30万～35万元
52岁之后	职务目标	企业高层管理人员
	能力目标	传承发展企业文化，制订企业长期战略计划，与其他高层管理人员保持有效沟通，对企业重大事件作出决策，与部门保持密切联系，监督绩效。与业界朋友及伙伴保持密切联系，在业界享有知名度
	经济目标	年薪及分红50万元以上
	学历目标	到高校讲授生产管理经验

小李同学为自己制定了分阶段职业目标，每个阶段的职业目标又进行了细化，包括

学历、能力、职务、经济等方面的具体目标。这些细化的目标又是可以衡量的和可以达到的，具有明确的期限，体现了职业目标设定的 SMART 原则。

思考与练习

我的职业生涯目标

依据前面对自己的探索，分别描述自己的人生目标、长期目标、中期目标和短期目标。要求符合 SMART 原则。

我的人生目标：

____

____

我的长期目标（5～10 年）：

____

____

我的中期目标（2～5 年）：

____

____

我的短期目标（2 年以内）：

____

____

第二节　掌握决策方法

案例导入

刚读大一的张羽本应过着多姿多彩、充满兴奋和惊喜的大学新生生活，然而她却在入学后不久就变得沉默寡言、抑郁焦虑。原因在于她听说自己所学的法学专业就业情况比较糟糕。于是，她产生了转专业的念头，但又不清楚该转到什么专业，反反复复的思想斗争让她非常痛苦。

何晓进入大学后从来没有认真思考过自己今后的发展方向。一晃就大三了，身边的同学有的忙着考研，有的在为找工作做准备，他不知道自己到底该去考研还是准备找工作。

赵馨文大学读的是化学专业，但她一直都对新闻报道很感兴趣。进入大学后不久，她就加入了学校的大学生记者团。大学期间，她在校内外媒体上发表了多篇文章，深受好评。通过对自己性格、兴趣、能力等方面的评估，她发现自己能够胜任新闻报道工作。可是，她一直不能下定最后决心，总是问自己："我真的适合干这一行吗？"

启示

从案例可以看出，张羽、何晓、赵馨文三位同学面临的共同问题是在自己的职业生涯决策上出现了困惑。在大学期间，要找准自己的职业方向，很好地利用大学时光为未来的职业做准备。

一、职业生涯决策概述

当一个人面对许多选择时，每一个选择对个人而言都有不同程度的价值，每一个决策都有它的机会成本，“生涯决策”就是个人在多个选择之间权衡利弊，以达成最大价值的历程。

（一）基本概念

“生涯决策”的概念最早源自英国经济学家凯恩斯的理论，它是指一个人在选择目标或职业时，会选择使其获得最高报酬，并将损失减至最低的方法。职业生涯决策行为是个人以有意识的态度、行动、思考来选择职业，以符合社会期望的一种反映。职业生涯决策不仅包括职业选择，而且涉及对执行完成选择所需的行为做出承诺的过程。职业生涯决策不仅仅是一个即时的职业选择行为，而且是一个动态的决策过程，伴随人的一生。在现实生活中，人们的职业生涯决策行为表现也不尽相同，有的人能够很快地做出职业生涯决策，有的人则很难做出职业生涯决策。

（二）考虑因素

在生涯决策的过程中，大学生需要考虑多方面的因素。

1. Who（人）

“我是谁”“我具备什么样的性格”“我喜欢的生活方式是什么”“我的专业何在”“我父母对我的期望是什么”……考虑这些之后再做决定，对自己就有了充分认识的基础。

2. What（事）

做决定时，要问自己“我有哪些选择”“我的问题在哪里”“我每个决定的可能影响是什么”。

3. When（时）

考虑时间的长短与急迫性，如“计划允许我搜集资料的时间有多长”“有多少缓冲期”“预计完成的时间”等。

4. Where（地）

即空间的因素。“在我的生涯目标中，我向往什么样的工作环境与生活空间？居住的地点与工作场所的距离，是希望越近越好，还是选择住在郊区？”这些均与生活方式有关。

5. Why（为什么）

探讨自己的原因、理由，思考“我为何偏好A而排斥B”“我生涯困境的原因”等。

6. How（如何）

“做完决定，如何将技巧、概念、想法转化为行动”“如何取舍”“如何完成目标”“如何找到工作”，以及“如何安排时间、运用时间”等。

（三）主要分类

在个人进行生涯规划的决策时，有以下一些常见的类型。

1. 困惑、麻木型决策

这一类型的人喜欢花很多时间和精力来确认信息和选择，但在反复比较之后，却难以做出决定。因此，对问题的思考和行动往往会一再拖延。这一类人常常挂在嘴边的话：“我就是拿不定主意。”“我还没有准备好，先等等再说。”“我知道应该要决定了，但是我想到这事就害怕。”

2. 直觉型决策

这一类型的人将自己的直觉感受作为决定的基础。他们往往习惯抓住遇到的第一个选择，而不再考虑其他的选择或接受信息。这种类型的人做决定全凭感觉，较为冲动，很少能系统地收集相关信息，但他们能为自己的抉择负责。这一类人常常挂在嘴边的话：“不管了，先决定，再考虑。”“爱你没商量，就这样定了。”

3. 依赖型决策

这一类型的人喜欢等待或依赖他人为自己收集信息并做决定，较为被动和顺从，过分关注他人的意见，他们往往将决定留给境遇或宿命，顺从别人的计划而不是独立做出决定。这一类人常常挂在嘴边的话：“我这人永远不会走运的。”“他们都说不错，我也就觉得可以。”

4. 理性型决策

这一类型的人喜欢合乎逻辑、系统地收集充分的生涯相关信息，并分析各个选择的利弊得失，按部就班，以做出最佳决定。这一类人常常挂在嘴边的话：“根据我的情况和环境的要求，我最好这样做。”

这四种决策类型的产生，其实主要还是由于人们对自身和环境的了解不同。具体关系如下图所示。

四种决策类型的关系

环境因素 自身因素		自身因素	
		未知	已知
环境因素	未知	困惑、麻木型决策	直觉型决策
	已知	依赖型决策	理性型决策

可见，这些生涯决策的方式各有利弊。

困惑、麻木型决策是一种很被动的决策，往往是在既不了解自身也不清楚环境时，做出的一种决策；直觉型决策是自发性的，在时间急迫的情况下非常有用，缺点是容易受主观意向影响；依赖型决策最省时省力，但不见得是最有效、最适合的策略；理性型决策包含探索个人与环境的需求，优点是针对不同选择分析利弊得失后得出的结果较为合理，但要考虑时间因素，在前期资料的收集上需要花费不少时间，有错失良机的可能。

当然，如果我们有充分的时间和精力的话，选择理性型的方式进行职业生涯决策是最好的。因此，我们应当尽可能地了解自身，认识环境，进而实现理性的决策。

（四）决策流程

目前，我们一般使用 CASVE 循环模式来进行职业生涯决策。这一决策的流程主要包含识别问题（Communication 沟通）、考虑各种可能性（Analysis 分析）、形成一些选项（Synthesis 综合）、对选项进行排序（Value 评估）和采取行动解决问题（Execution 执行）这五步。模式的命名也就是取这五个英文单词的首字母。

在整个流程中，我们用“沟通”来描述 CASVE 决策过程的第一阶段，个体在这个阶段会收到有关理想与现实之间存在差距的信息，这些信息可能通过内部或外部的信息交流途径传达给个体，这是个体意识到“我需要做出一个选择”的阶段。我们用“分析”来描述 CASVE 决策过程的第二个阶段，个体在这个阶段会花时间对所有信息进行分析，理性决策者阻止用冲动行事减小在沟通阶段所体验到的压力或痛苦，因为他们知道，盲目和冲动是无效的。这是了解自己和自己的各种选择的阶段。我们用“综合”来描述 CASVE 循环的第三个阶段，在这个阶段的基本问题：“为了解决问题我需要做些什么？”因此，这是一个个人形成可能的解决方法并寻求实际解决方法的阶段。我们用“评估”来描述 CASVE 循环的第四个阶段，评估阶段的第一步是评估每一种选择对问题解决者和他人的影响，第二步就是对各种选择进行排序。理性决策者在这个阶段通常会做出一个最佳选择，并做出情感上的承诺去实施这一选择。如果第一选择就是最终的最佳选择，就进入了 CASVE 循环的最后一个阶段——“执行”。当这一循环完成之后，又会面临新的问题，则再次进入循环，不断往复。生涯决策的具体流程如下图所示。

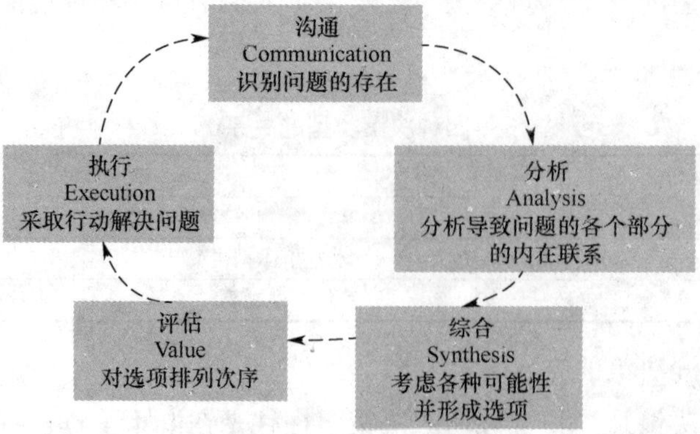

生涯决策流程

二、职业生涯决策的原则与方法

（一）职业生涯决策的原则

职业生涯决策的原则有很多，我们一般认为要把握以下三个原则。

1．个人特质与职业环境相匹配的原则

根据美国波士顿大学教授帕森斯的关于人的个性特征与职业性质一致性的“特质因素论”，一个人在选择职业的过程中，要考虑三个主要因素：对自己爱好和能力的认识，对工作性质和环境的了解，以及他们两者之间的协调与匹配。

例如，当前有不少高校毕业生找不到他们理想的工作岗位，而同时也有大量的工作岗位找不到理想的胜任者。出现这一奇怪的现象其实就是因为有的高校培养的“人才”——大学生与企业需要的“人才”——求职者不匹配！特别是，现在有的大学生对自己的职业定位与企业对求职者的岗位定位也有不匹配现象。有的大学生对自己的职业定位非常模糊，他们往往会放言：“只要给我一根杠杆，我就能撬动地球。”而企业对求职者的岗位定位则非常具体，一个萝卜一个坑。

对这一部分高校毕业生职业困境的解决途径有以下三种：

（1）认识自己：面对一个全新的职业领域，我拥有什么，我还缺少什么？

（2）认识职业：企业需要具有什么素质、什么能力、什么价值观的人才？

（3）实现匹配：如何找到自己的特点与企业需求之间的结合点？如何弥补自己的不足？

2．脚踏实地与着眼未来相结合的原则

我们在进行生涯规划时，往往会有一个美好的愿景，并雄心勃勃地制订计划，以便在将来实现自己的人生目标。切记，由于人生具有发展阶段和职业生涯周期发展的任务，职业生涯规划与管理的内容必须分解为若干个阶段，并划分到不同的时间段内完成。每一个阶段又有“起点”和“终点”，即“开始执行”和“完成目标”两个时间坐标。因此，决策时既要脚踏实地立足现在，又要着眼未来规划长远，当把这两者结合以后，才会使职业生涯规划避免陷于空谈和失败。

例如，现在有不少大学生在进行职业选择时，因为就业形势严峻，在毕业时便草草选择了与自己人生目标相悖的工作单位。他们选择在当前的就业形势下先落实单位，有一个栖身之处，然后再去“骑驴找马”。但随着时间的推移，他们往往会无奈地发现，在持续严峻的就业形势下，自己梦中的“千里马”总是没有来到，而自己在职场中却已蹉跎了很久。这些人其实就是在职业决策时没有贯彻好脚踏实地与着眼未来相结合的原则，从而使自己在单位中待得越久越不开心，也越无法抽身。

3．实现自我价值与服从社会需要相结合的原则

每个个体都是在一定的组织环境与社会环境中学习发展的。因此，个体必须认可组织和社会的目的和价值观。只有处理好个人发展和组织发展的关系，寻找到个人发展与组织发展的结合点，才能有长期稳定的发展。当一个人原来的就业意愿暂时不能得到满足时，就要根据社会需要做出新的选择：

（1）根据社会需要做出新的选择，走另一条职业道路；

（2）选择一种与自己的“理想职业”相接近的职业，继续接受教育培训，积累就业条件；

（3）先到容易就业的职业岗位上工作，再根据自己在这一职业的工作情况，决定是否更换职业。

（二）职业生涯决策的方法

1．SWOT 分析法

SWOT 分析法由美国哈佛大学 K.J.安德鲁斯教授于 1971 年提出。他在《公司战略概念》一书中将企业面临的竞争环境分为内外两部分，其中，内部环境主要指企业自身的相对优势（Strengths）与劣势（Weaknesses），而外部环境主要指企业面临的机遇（Opportunities）与威胁（Threats）。

在个人职业生涯决策中的 SWOT 分析可按照如下步骤进行。

（1）构建 SWOT 矩阵

通过与他人相比较，考察自己周围的职业环境，认清自身的优势和劣势，以及周围职业环境的机会和威胁，大家就可以构建出自身的 SWOT 矩阵。例如，大学生的矩阵中经常可以考虑以下一些因素，如 SWOT 矩阵所示。

SWOT 矩阵

自身的优势（Strengths）： 工作经验 教育背景 丰富的专业知识和技能 特定的可转移技巧（如沟通、团队合作、领导能力等），人格特质（如职业道德、自我约束、承受工作压力的能力、创造性、乐观等） 广泛的个人关系网络 在专业组织中的影响力 ……	自身的劣势（Weaknesses）： 缺乏工作经验 学习成绩差，专业不对口 缺乏目标，且对自我的认识和对工作的认识都十分不足 缺乏专业知识 较差的领导能力、人际交往能力、沟通能力和团队合作能力 较差的寻找工作的能力 负面的人格特征（如职业道德败坏、缺乏自律、缺少工作动机、害羞、情绪化等） ……
周围职业环境的机会（Opportunities）： 就业机会增加 再教育的机会 专业领域急需人才 由于提高自我认识、设置更多具体的工作目标带来的机遇 专业晋升的机会 专业发展带来的机会 职业道路选择带来的独特机会 地理位置的优势 强大的关系网络 ……	周围职业环境的威胁（Threats）： 就业机会减少 由同专业的大学毕业生带来的竞争 具有丰富技能、经验、知识的竞争者 拥有较好的寻找工作技巧的竞争者 名校毕业的竞争者 缺少培训、再学习造成的职业发展障碍 工作晋升机会十分有限或者竞争激烈 专业领域发展有限 公司不再招聘与你同等学力或专业的员工 ……

从SWOT矩阵中，我们可以清楚地看到自己的竞争力和发展机会，从而能够制定出恰当的职业目标，同时还能清晰地认识到自己的不足和外在威胁，从而为提升自己提供良好的现实依据。个体在进行SWOT分析时，可以采取多种方法来确定自身的优势与劣势、机会与威胁。

目前最常使用的是关键提问法，即连续不断地向自己提问，从答案中进一步了解自己。例如，个体可以通过向自己提出以下一系列问题来逐步确定自己所面对的外在环境机会:“我最有希望的前景在哪里？我专业领域中目前最先进的知识或技术是什么？我是否尽了一切努力来让自己朝它靠近？什么样的培训和再教育能够让我增加更多的机会？MBA 或其他学历是否能够增加我的优势？在目前工作中我多久能够得到提升？技术和市场的变化、政府政策的变动，以及社会形态、人口状况、人们生活方式的变化是否会给我带来机会？……”

（2）定量的SWOT分析

单纯确定个体的优势、劣势、外在机会、外在威胁中的各个具体因素，这只是SWOT的初步分析阶段，如果想要更科学地做出职业决策，则需要进行更进一步的SWOT分析，即给SWOT矩阵中每个纬度的每一项因素配以权重，并根据权重进行定量分析。

案例：一位心理学专业的硕士生对是否选择进入企业从事人力资源管理工作的SWOT分析：

自身的优势（Strengths）： （1）硕士学历，成绩优秀； （2）丰富的学生干部管理经历； （3）大型公司半年实习的经历； （4）具有心理学的知识背景	自身的劣势（Weaknesses）： （1）师范院校毕业； （2）没有丰富的工作阅历； （3）专业不对口； （4）性格急躁，容易冲动
周围职业环境的机会（Opportunities）： （1）人力资源管理部门逐渐受到企业的重视； （2）入世后，外资企业的进入导致人力资源管理人才需求量的增大； （3）心理学在人力资源管理中的重要性逐渐凸显出来	周围职业环境的威胁（Threats）： （1）人力资源管理方向的毕业生； （2）MBA的兴起； （3）人力资源管理在很多企业中仍然处于刚起步阶段，其运作很不规范； （4）比起学历，我国许多企业更看重工作经验

在列出SWOT矩阵后，该生将其中的所有因素按照1～10分的标准进行加权赋值，得到的结果是“S、O”为65分，而“W、T”为50分。最后，他得出了结论：自己适合在大中型外资企业的人力资源管理部门工作。

对于不同的职业，个体的每一项优势劣势、机会威胁对其的影响程度都是不同的。而且，我们在进行 SWOT 分析时，如果只考虑到每项因素的大致影响，那么随着分析项目的增加，这种分析就可能无法得出客观真实的结果，个体也很难分辨自己相对于其他竞争对手在进行新的职业选择时是否具有优势。所以只有根据当时当地的人才市场的具体情况，用数量化的方式把个人优势、机会结合起来与劣势、威胁相比较，才能够清晰地分辨出自己选择这项职业是否比他人具有优势，从而做出最优的职业决策。需要注意的是，这里 SWOT 分析的权重分值并不是由个体凭空想象出来的，而是基于每项评判内容对于具体行业的重要性而设定的。但是每项分析内容的权重分数可以是不同的，你可以给最重要项目的权重分配 10 分，甚至 100 分或 1000 分，但其他被比较项的权重也要随之改变。

2．生涯平衡单法

（1）生涯平衡单设计思想

帮助面对重大决策难题的决策者尽可能具体地从各个角度评价和分析各种可供选择的方案，预先对各方案实施后可能带来的后果进行利弊得失分析，还要对预期结果的可接受性进行检验，然后做出自己的决策。

（2）生涯平衡单的具体操作步骤

第一，针对某一个可供选择的职业发展方案，整理自己所有的重要想法，从对自己、对其他重要者、对社会这三个不同的角度，分析其会带来什么得益，要付出什么代价，这些得益是否可以接受，原因是什么。

第二，同样将其他可供选择的方案按照上述步骤进行思考分析。

第三，比较各种方案的得益大小和代价大小，分析得益与代价的可接受性，进而做出最终决策。

需要注意的是，为了便于在各种方案之间进行比较，可以在进行上述评价时，对每个项目加权计分。另外，在考虑得益和代价时，不应只考虑物质的得失，还应该将精神的得益与代价包含在内。

“条条大路通罗马”，当你分析了自己的生涯阻力和助力之后，你会发现自己有数个方向可以走，这时你要如何抉择呢？这时候，我们可以试着用给“分数”的方法，将每个选择的得失利弊用分数的高低来表示，帮助我们做选择，这种选择方式称为生涯平衡单法。

例如，一个大学生在决定自己的未来是要升学、出国、参加公职考试、就业或自己创业时，在这些方案中，他需要考虑哪些项目？会给这些项目几分？填一填以下的“生涯平衡单”就会得到结果。

	选择方案一		选择方案二		选择方案三	
考虑的项目	优势	劣势	优势	劣势	优势	劣势
合计						
得失差数						

这里，“考虑的项目”部分，是指在综合生涯信息之后，开始分析自己的生涯助力和阻力，包括环境因素、个人资源以及个人与环境的关系。

范　围	内　涵	助力的因素	阻力的因素
自我认知	1．我的兴趣		
	2．人格特质		
	3．生涯能力		
	4．态度和信念		
	5．决定风格		
	6．生涯价值观		
生涯资讯	1．我对工作世界的了解		
	2．我对就业趋势的了解		
	3．我对经济发展的认识		
	4．未来的训练机会		
	5．大学时的了解		
与环境的关系	1．家庭传统		
	2．社会地位		
	3．他人期待		
	4．未来人际计划		

首先，我们将信息整合及阻力、助力的数据放入生涯平衡单中来计分，例如你想出国深造，也希望在国内读研究生，或者是就业，这时候，你可以将自己考虑的项目填入表格中；然后衡量你在每个项目中的优势（正分）与缺点（负分）来回答，计分范围为1～10 分。最后，将每个方案的优势总分（正）和缺点总分（负）相加，算出客观的分数，这样就可以知道哪一种方案可能比较适合自己。如以出国、升学、就业这三个方案为例，你的评量可能是这样的：

考虑的项目	出国深造		升　学		就　业	
优缺点	优势	劣势	优势	劣势	优势	劣势
1．适合自己的兴趣		−2	+4		+8	
2．适合自己的特质		−3		−2	+6	
3．符合自己的能力		−8	+3			−2
4．符合自己的价值观		−4		-1	+7	
5．父母家人的期待	+8		+9			−7
6．家庭经济能力	+3		+5		+9	
7．就业职场的趋势	+3		+7			−8
8．家庭的传统	+7		+3			
9．其他（如学业成绩）		−6		−7	+3	
合计	21	−23	31	−10	+33	−17
得失差数	−2		21		16	

我们需要再考虑“加权”的因素，也就是对此刻的你来说，哪一个项目比较重要和迫切。依照每一个项目对自己的重要性和迫切性给予1～5分的加权。经由加权的计分，我们可以计算出哪一项是对自己最好的选择。

考虑的项目	出国深造		升学		就业	
优缺点	优势	劣势	优势	劣势	优势	劣势
1．适合自己的兴趣（×4）		−8	+16		+32	
2．适合自己的特质（×2）		−6		−4	+12	
3．符合自己的能力（×5）		−40	+15			-10
4．符合自己的价值观（×1）		−4		−1	+7	
5．父母家人的期待（×1）	+8		+9			−7
6．家庭经济能力（×3）	+9		+15		+27	
7．就业职场的趋势（×4）	+12		+28			−20
8．家庭的传统（×1）	+7		+3			−3
9．其他（如学业成绩）（×1）		−6		−7	+3	
合计	36	−64	86	−12	81	−40
得失差数	−28		74		41	

最后，我们从数据上可以很明显地看到，对这位同学来说，升学肯定是他的第一选择。

（三）大学生职业生涯规划的主要步骤

职业生涯规划是一个周而复始的连续过程，大学生职业生涯规划一般要经过树立生涯志向，进行自我剖析与定位，评估职业生涯机会，确定职业生涯目标，选择职业生涯路线，制定职业生涯策略并实施，对职业生涯设计进行评估、反馈与修正等几个步骤。从大量职业规划咨询实践来看，正确积极的生涯发展信念和志向是职业生涯成功的根本；自我评估和机会评估是职业生涯成功的前提；职业方向定位是职业生涯成功的关键，合适的目标设定与行动计划则是职业生涯成功的保障；生涯评估与反馈则促进我们的职业生涯永续发展！

1．树立正确的生涯发展信念

生涯发展信念是事业成功的基本前提。没有发展向上的信念，事业的成功也就无从谈起。俗话说，“志不立，天下无可成之事”。立志是人生的起跑点，反映着大学生的理想、胸怀、情趣和价值观，影响着一个人的奋斗目标及成就。所以，大学生在制定生涯规划时，首先要确立志向，这是制定职业生涯规划的关键，也是职业生涯中最重要的一点。

2．职业生涯的自我评估与定位

自我评估就是通过科学认知的方法和手段，对自己的职业兴趣、特长、气质、性格、能力等进行全面认识，清楚自己的优势与特长、劣势与不足。自我剖析要客观、冷静，不能以点代面，既要看到自己的优点，又要面对自己的缺点。只有这样，才能避免设计中的盲目性，达到设计高度适宜。自我评估的目的是认识自己、了解自己。因为只有认识了自己，才能对自己的职业做出正确的选择，才能选定适合自己发展的职业生涯路线，才能对自己的职业生涯目标做出最佳抉择。

3．职业生涯机会评估

职业生涯机会评估主要是指分析内外环境因素对自己职业生涯发展的影响。每一个人都处在一定的环境之中，离开这个环境，便无法生存与成长。大学生如果能很好地利用外部环境，就有助于事业的成功。因此，在进行职业生涯规划时，要分析环境条件的特点、环境的发展变化情况、自己与环境的关系、自己在这个环境中的地位、环境对自己提出的要求以及环境对自己有利的条件与不利的条件，等等。环境因素评估主要是指对组织环境、政治环境、社会环境、经济环境的评估。只有对这些环境因素充分了解，才能做到在复杂的环境中避害趋利，才能使你的职业生涯规划具有实际意义。

4．职业生涯目标的确定

职业生涯目标的确定，是职业生涯规划的核心。明确正确的职业生涯目标是大学生职业生涯发展的关键。有了目标才有追求事业的方向与动力。一个人事业的成败，很大程度上取决于有无正确适当的目标。没有目标就如同驶入大海的孤舟，四海茫茫，没有方向，不知道自己将走向何方。只有树立了目标，才能明确奋斗方向，其犹如海洋中的灯塔，引导你避开险礁暗石，走向成功。

目标通常分为短期目标、中期目标、长期目标和人生目标。短期目标一般为一至二年，短期目标又分日目标、周目标、月目标、年目标。中期目标一般为三至五年。长期目标一般为五至十年。目标的设定是以自己的最佳才能、最优性格、最大兴趣、最有利环境等信息为依据的。

5．职业生涯路线的选择

所谓职业生涯路线，是指大学生确定职业生涯目标后，向哪一条路线发展，即是向行政管理路线发展，还是向专业技术路线发展，或是先走技术路线，再转向行政管理路线。由于发展路线不同，对职业发展的要求也不相同。所以，在职业生涯规划中必须做出选择，以便使自己的学习、工作沿着预定的方向前进。通常职业生涯路线的选择须考虑以下三个问题。“我想往哪一条路线发展？”这是建立在对自己的职业价值、职业理想、职业动机等的分析基础之上的。“我能往哪一条路线发展？”这是通过对自己的性格、特长、经历、学历的分析，确定自己的职业能力取向。“我可以往哪一条路线发展？”这是通过对自己身处的社会环境、经济环境、政治环境、组织环境的分析，确定自己的机会取向。对于以上三个问题，需要进行综合分析，以确定自己的最佳职业生涯路线。职业生涯路线图如下图所示。

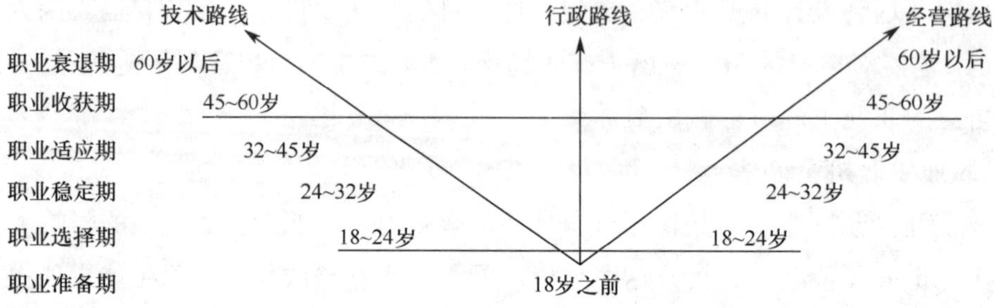

职业生涯路线图

6．职业生涯策略的制定和实施

职业生涯策略的制定和实施是指为实施职业生涯目标，制定相应措施方案并以实际行动予以落实。在确定了职业生涯目标后，行动便成了关键的环节。没有达成目标的行动，目标就难以实现，也就谈不上事业的成功。这里所指的行动，是指落实目标的具体措施，主要包括工作、训练、教育、轮岗等方面的措施。例如，为达成目标，在工作方面，你计划采取什么措施来提高你的工作效率？在业务素质方面，你计划学习哪些知识、掌握哪些技能，来提高你的业务能力？在潜能开发方面，你计划采取什么措施来开发你的潜能？以上这些都要有具体的计划与明确的措施。并且，这些计划要特别具体，以便定时检查。

7．职业生涯规划的评估、反馈与修正

职业生涯规划的评估是指在实现职业目标的过程中有意识地收集相关信息和评价，不断总结经验和教训，自觉修正对自我的认知，适时调整职业目标。俗话说，“计划赶不上变化”。影响职业生涯规划的因素很多，有的变化因素是可以预测的，而有的变化因素是难以预测的。要使职业生涯规划行之有效，就须不断地对职业生涯规划进行评估，其修订的内容包括：职业生涯目标的制定；职业的重新选择；职业生涯路线的选择；人生目标的修正；实施措施与计划的变更，等等。这样才能在激烈的择业竞争中，赢得成功，走向辉煌。

总之，大学生职业生涯规划不仅是一个复杂的程序，还需要有科学的方法，并持之以恒。只有这样，才不至于白白浪费时间，才不至于毫无目标和毫无准备。

思考与练习

1. 职业生涯规划的基本步骤是什么？
2. 职业生涯决策的考虑因素是什么？
3. 计划赶不上变化，职业生涯规划在什么情况下需要进行修正？
4. 在艰难困苦的时候，你会如何询问自己的内心最在乎的究竟是什么？

第三节　调整决策优化

案例导入

张云帆，2015 年进入江西生物科技职业学院动科系宠物医疗与保健专业，毕业后进入江西思必沃畜牧科技有限公司从事宠物医院与宠物店渠道的销售工作。

初出茅庐，未尝销售，无经验无资源，曾一度使张云帆陷入迷茫。通过与大学班主任的不断沟通和校友们的帮助，再加上自己的不断努力，在辛勤跑店的耕耘之下，他以最高任务达成率回报了母校的栽培，回报了公司的信任，也同样回报了努力的自己。

2021 年，为追求职业生涯的更好发展，他入职北京生泰尔科技股份有限公司下属爱迪森（北京）生物科技有限公司，负责江西与福建的宠物产品销售工作。从经销商到厂商代表的转变，给他带来了更大的挑战，因为服务的人群更广了，所需专业知识更多了。公司要求每天开拓一定数量的新市场，他却给自己定下更高的目标，他早起跑店，提高了效率，每天都可完成双倍的任务。下班之后又给自己复盘，看当天的问题所在。他不断地提升自己，提高专业学识水平，与代理商不断沟通，下到每个市场去亲身体验，根据不同的市场制定不同政策，帮助代理商完成业绩。此外，他自己还开发代理商和新客户，帮助代理商建立信心。终于，通过对职业生涯的不断调整优化，他用了半年时间就完成了整年的工作任务，并超额完成，最终以优异的表现被母校评为“优秀毕业生”。

启示

职业生涯规划有明显的阶段性特征，所以在不同发展阶段必须做出相应的调整，甚至是改变。但职业发展的宗旨是不变的，就是通过职业发展的机会，体现个人的价值，为社会做出应有的贡献。所以，有了这样长期而又宏观的视野，就会根据自己自身状况的改变而做出应有的调整。职业生涯规划不是将职业目标定得最高就好，切合实际可行的，能够按计划一步步完成的规划才是最好的职业规划。

一、职业生涯规划的评估

职业生涯规划在实施过程中，应注意回答以下问题。

1．你的人生价值是什么？

2．你有哪些技能和条件？

3．你最感兴趣的事是什么？

4．你的人格特质是什么？

5．你是否好高骛远？

6．你建立了自己的就业信息网络吗？

倘若评估得出的结论是你的职业生涯目标和目前的结果存在差距，那么原因主要有以下几个：一是目标定得过高或过低；二是目标合适但行动方案与之不配；三是目标和行动方案都合适，但执行不力。

二、职业生涯规划的修正

大学生在职业生涯规划的进程中，情况经常会发生这样那样的变化，很多变化是事先难以预测的。这些不确定性因素的存在可能会使实际结果偏离原来的规划目标，这就要求我们应时时注意内外环境的变化，不断审视自我，不断调整自我，不断修正调整策略和目标。这个过程就是职业生涯规划的反馈、修正与调整。职业生涯规划的反馈、修正与调整过程是个人对自己的不断认识过程，也是对社会的不断认识过程，是使职业生涯规划更加有效的手段。

（一）修正的时间

对职业生涯与发展规划进行修正的时间：

一是毕业前夕，有了求职的实践，根据求职过程和自身条件的检验，根据新的就职信息和供需实际，在求职过程中进行调整；

二是工作3～5年时，有了从业的实践，根据从业过程和自身条件的检验，根据环境和自身素质的变化，在职业转换过程中予以调整。

（二）修正的方法

（1）自我条件重新剖析——“我能干什么？我能干好什么？”

（2）生涯机会重新评估——“我可以干什么？”

（3）职业生涯目标修正——“我为什么干？”

（4）落实生涯规划修订——“我应该怎么干？”

（三）修正的内容

对职业生涯与发展规划进行修正的内容包括以下几方面。

（1）职业的重新选择；

（2）职业生涯路线的选择；

（3）阶段目标的修正；

（4）人生目标的修正；

（5）实施措施与计划的变更等。

通过修正，应该达到下列目的。

（1）对自己的强项充满自信（知道我的强项是什么）；

（2）对自己的发展机会有一个清楚的了解（我知道自己什么地方还有待改进）；

（3）找出关键的、有待改进之处；

（4）为这些有待改进之处制订详细的行动改变计划；

（5）以合适的方式答复那些给予反馈的人，并表示感谢；

（6）实施你的行动计划，确保你能取得显著的进步和商业成就。

思考与练习

做一份大学期间的职业生涯规划评估报告。

阶段目标（预计结果）	实施结果	评估差距	分析差距产生原因	修正措施

第四节　职业生涯规划书的撰写

案例导入

小刘是某高职院校计算机应用技术专业的学生，学习成绩一般，既不是非常认真学习的类型，也不是游手好闲的类型。

在大一上学期学校开设的《大学生职业生涯规划》课程的学习中，他向教师咨询道："不知道自己未来想干什么，也不知道自己能干什么。"他没有明确的目标，感觉现在的大学生活与理想中的大学生活相差甚远，只能做一天和尚撞一天钟，他对自己的未来感到非常迷茫，偶尔想起自己今后的去向和发展，总又觉得这好像与自己这个大一的学生还离得太远，这些应该是毕业时才考虑的问题。

启示

上述案例中，小刘同学的想法似乎是大部分刚进入大学校园的学生都存在的困惑。读大学期间是认识自我最重要、最适宜的阶段，对于当代大学生来说，进行职业生涯规划可以帮助他们更好地确立发展目标，更加全面地了解自己的优势与弱势，选择自己所适合的发展方向，并为实现个人目标指明努力方向。所以，大学生的职业生涯规划应该尽早做且务必做。

一、职业生涯规划书的定义

职业生涯规划是对职业生涯乃至人生进行持续系统的计划的过程，具体是指在对一个人职业生涯的主客观条件进行测定、分析、总结的基础上，对自己的兴趣、爱好、能力、特点进行综合分析与权衡，结合时代特点，根据自己的职业倾向，确定其最佳的职业奋斗目标，并为实现这一目标做出行之有效的安排。

职业生涯规划书是对自己职业生涯乃至今后人生策划的书面表达和书面设计，它不仅能呈现大学生的宏观职业生涯规划，还能对具体的学习和工作起到指导和鞭策作用。

二、职业生涯规划书的类型

（一）表格式。这种类型的规划书为不完整的职业生涯规划书。常常仅写有最简单的目标、分段实现时间、职业机会评估和发展策略等几个项目，有的只相当于一份完整的职业生涯规划书的计划实施方案表。适合作为日常警示使用。

（二）条例式。这种类型的规划书内容精练，但逻辑性和说理性不强，只作简单的表述，没有详细的资料分析和评估。

（三）复合式。这种类型的规划书为表格式与条例式两种类型的综合。

（四）论文格式。一份优秀的论文格式的职业生涯规划书，能够对一个人职业生涯规划做全面、详细的分析和阐述，是最完整的职业生涯规划书。

三、职业生涯规划书的撰写步骤

（一）自我认知、他人评估和人才测评

自我认知是职业生涯规划的第一步，是指通过科学的方法与手段，对自己的性格、兴趣、价值观、能力等进行全面认识。第二步，认清周边的人对自己所作的评价，如父母、老师、同学等。第三步，制定人才测评表，客观地反映出人才情况。

（二）环境认知

通过网络、访谈、调查、行业协会交流等多种形式，结合自己所处的社会环境、家庭环境、行业环境等进行分析，认清行业发展趋势对所选职业的影响，衡量可能影响自己进行职业选择的环境因素。

（三）确定目标：职业定位

确立目标是制定职业生涯规划的关键，是其首要的内容。要根据个人的专业、性格、气质和价值观以及社会的发展趋势确定自己的目标，包括人生目标、长期目标、中期目标、短期目标。有效的职业生涯设计需要切实可行的目标，以便排除不必要的犹豫和干扰，全身心地投入于目标的实现。

注意要点：SMART 原则，并在每一个关键的时点有完成时间。

大一学生要注重大学期间的生涯规划，大二学生要初步明确职业发展方向，大三学

生要开始关注毕业 5 年后的你想成为怎样的人。

（四）撰写职业生涯规划书

职业生涯规划书一般分为四个部分：封面、目录、正文、结束语。

1. 封面

包括题目、姓名、基本情况介绍、年限、起止日期等。

2. 目录

写出目录，标明页码。正文各一级二级标题（根据实际情况，也可以标注更低级标题）。

3. 正文

前言：用文学化的语言描述为什么进行规划、规划的意义、规划的目的和自己的感悟等。

第一部分 自我认识

综合相关的人才测评报告对自己进行全方位、多角度的分析。

（1）个人基本情况

（2）职业兴趣——喜欢什么

例如：在我的人才素质测评报告中，职业兴趣前三项是××型、××型和××型。我的具体情况是……

（3）职业能力及适应性——能够干什么

例如：我的人才素质测评报告结果显示，××能力得分较高，××能力得分较低。我的具体情况是……

（4）个人特质——适合干什么

例如：我的人才素质测评报告结果显示…… 我的具体情况是……

（5）职业价值观——最看重什么

例如：我的人才素质测评报告结果显示，前三项是××取向、××取向和××取向。我的具体情况是……

（6）自我分析——优势和劣势是什么

（7）自我分析小结

第二部分 职业认知

参考人才素质测评报告建议，对影响职业选择的相关外部环境进行较为系统的分析。

（1）家庭环境分析：如经济状况、家人期望、家族文化等以及对本人的影响。

（2）学校环境分析：如学校特色、专业学习、实践经验等。

（3）社会环境分析：如就业形势、就业政策、竞争对手等。

（4）职业环境分析。

a．行业分析（如××行业现状及发展趋势，人业匹配分析）；

b．职业分析（如××职业的工作内容、工作要求、发展前景，人岗匹配分析）；

c．企业分析（如××单位类型、企业文化、发展前景、发展阶段、产品服务、员工素质、工作氛围等，人企匹配分析）；

d．地域分析（如××工作城市的发展前景、文化特点、气候水土、人际关系等，人城匹配分析）。

（5）职业认知分析小结。

第三部分　职业目标定位及其分解组合

（1）职业目标的确定

综合第一部分（自我分析）及第二部分（职业生涯条件分析）的主要内容得出本人职业定位的 SWOT 分析。

S：优势因素；

W：弱势因素；

O：机会因素；

T：威胁因素。

结论：职业目标——将来从事（××行业的）××职业；

职业发展策略——进入××类型的组织（到××地区发展）；

职业发展路径——走专家路线（管理路线等）。

（2）职业目标的分解与组合

把职业目标分成三个规划期，即近期规划、中期规划和远期规划，并对各个规划期及其要实现的目标进行分解。

具体路径：××员——初级××——中级××——高级××。

第四部分　具体执行计划

（1）短期目标的具体实施计划；

（2）中期目标的具体实施计划；

（3）长期目标的具体实施计划；

（4）人生总目标的具体实施计划。

第五部分　评估调整

职业生涯规划是一个动态的过程，必须根据实施结果的情况及变化情况进行及时的评估与修正。

（1）评估的内容

a．职业目标评估（是否需要重新选择职业）；

b．职业路径评估（是否需要调整发展方向）；

c．实施策略评估（是否需要改变行动策略）；

d．其他因素评估（身体、家庭、经济状况以及机遇、意外情况的及时评估）。

（2）评估的时间

在一般情况下，定期（半年或一年）评估规划；当出现特殊情况时，随时评估并进行相应调整。

4．结束语

表明自己对规划的决心、态度等。

四、职业生涯规划书撰写的基本要求

（一）资料翔实，分析到位

收集资料的途径有多种，如可以通过访谈、文献搜索、调查等多种形式获取资料，但要尽可能注明资料的出处，以提高资料来源的可信度和说服力。通过分析自己的测评结果与自我认识存在差距的原因，从而确定自我评估结果：要理清自己所处的地理环境，明确自己最大的兴趣、最重视的价值与目标，再通过目前环境评估（社会影响、家庭影响、学校因素、就业形势等）和当前社会环境分析（组织环境分析、技术发展、政策法规的影响等）来确定自己的职业方向，做到说理有据，层层深入。

（二）言简意赅，突出重点

职业生涯规划书一般包含对职业规划的认识、对自我的剖析、对所学专业知识的了解、对职业方向的探索以及确定目标并制订计划这五个方面的内容。要求语言朴实简洁，用词精练准确，还应注意整篇文章的结构和重心所在。内容要重点放在自我评估、环境评估和目标实施上。

（三）目标明确，切实可行

撰写职业生涯规划书应围绕目标设定而展开，职业生涯目标不能脱离现实，过于理想化，要结合自己的兴趣、能力、优势、社会需要等各方因素综合考虑，做到“择己所爱”“择己所长”“择世所需”“择己所利”。职业生涯规划书的撰写是否成功，在很大程度上取决于有无正确适当、切实可行的目标。

（四）分解合理，组合科学，突出特色

目标分解、实现路径的选择要有理论依据。目标组合要注意时间上的并进、连续，功能上的因果、互补作用，全方位的组合要涵盖职业生涯、家庭生活、个人事务等方面。

在大学生职业生涯规划书撰写过程中，要突出自己的特色，将自己的经历经验、专业技能、兴趣特点有机结合起来，这样才会有生命力。

知识拓展

职业生涯规划书

姓名：李某　　性别：男　　系部：园林工程系　　专业：园林技术

一、自我分析

自我分析是对自己进行全方位、多角度的分析。

<table>
<tr><td colspan="2">职业兴趣（喜欢干什么）</td><td>我性格温和，对待每件事和每个人都很认真，工作踏实，注重反思，乐于助人，故此自认为比较适合传统型的实务工作</td></tr>
<tr><td colspan="2">职业能力（能够干什么）</td><td>我目前尚处于大一，职业能力较难分析。就目前情况看，我的课业成绩较好，学习能力强，但交际能力和创新能力有待提高</td></tr>
<tr><td colspan="2">个人特质（适合做什么）</td><td>进入大学以来，我积极参与社团活动，很喜欢服务社会的志愿者工作。在学习生活中，我注重积累，广泛阅读，踏实静心，不喜欢张扬，不功利，因此倾向于稳定的、能很好地为社会服务的工作</td></tr>
<tr><td colspan="2">职业价值观（最看重什么）</td><td>我最注重工作的稳定性。一个稳定的工作环境，更适合我的生活方式。我希望能找到一份稳定的工作，认真务实，做出自己的一番事业</td></tr>
<tr><td colspan="2">自我分析（优劣势是什么）</td><td>优势：踏实，稳重，勤勉，理性，高效
劣势：不善交际，缺乏特长</td></tr>
<tr><td rowspan="3">个人经历</td><td>教育经历</td><td>我从农村的小学和初中毕业，成绩优异，进入××市重点高中，在高考中发挥稳定，进入××大学</td></tr>
<tr><td>工作经历</td><td>无</td></tr>
<tr><td>培训经历</td><td>无</td></tr>
<tr><td colspan="3">自我分析小结：在以后的时间里，我会继续努力学习，发挥自身优势，利用好大学资源，并努力克服自身缺点，认真思考，走好每一步</td></tr>
</table>

二、职业分析

职业分析是指对影响职业选择的相关外部环境进行客观、系统的分析。

家庭环境分析（如经济状况、家人期望、家族文化等及其对本人的影响）
学校环境分析（如学校特色、专业学习、实践经验等）
社会环境分析（如就业形势、就业政策、竞争对手等）
职业环境分析（1．行业分析 2．职业分析 3．企业分析 4．地域分析）
职业分析小结：本人希望通过自身努力学习，积累丰富的专业知识，锻炼职业技能，将来能从事园林技术相关职业，提升自我，服务社会

三、职业定位

综合第一部分（自我分析）与第二部分（职业分析）的主要内容得出本人职业定位的 SWOT 分析：

内部环境	优势因素（S）	弱势因素（W）
	踏实，稳重，勤勉，理性，高效	不善交际、缺乏特长
外部环境	机会因素（O）	威胁因素（T）
	相关行业招聘	同行竞争

结论

职业目标	我希望从事园林技术相关职业，优先考虑园林绿化的规划设计
职业发展策略	我希望从基层干起，积累经验
职业发展途径	举例：走专家路线（管理路线等） 从基层做起，一步一步来
具体路径	举例：××员——初级××——中级××——高级××

思考与练习

请运用职业生涯规划的理论知识，根据自身实际情况，为自己制订一份完整、可行的职业生涯规划书。

第六章　就 业 准 备

思政目标

- 着重实践能力和职业道德的培养，提升专业能力和综合素质
- 加强内在修养，学会脚踏实地、执着与坚持

学习目标

- 了解就业准备的主要内容
- 做好求职应聘前的准备工作，掌握必要的求职礼仪

第一节　就业前期准备

案例导入

小丽是某高职院校商务英语专业大三毕业生，在校期间学习成绩一般，表现一般，也没有什么特别的兴趣爱好，对社团工作、实习、兼职也兴致不高。平时除了上课，就是待在寝室里涂涂画画，喜欢看些关于艺术设计方面的杂志。

临近毕业，小丽加入求职大军，她去过校内外的人才市场，网上也投递过简历，但都没什么结果。曾经有一家小公司给小丽一个实习的机会，但小丽认为这种实习没有保障便拒绝了。

小丽也试过向一些设计公司投简历，但全部石沉大海，毕竟小丽没有任何的艺术设计方面的专业背景，对艺术设计也只是爱好而已，她甚至对 AutoCAD、CorelDRAW、Painter 等设计软件几乎是陌生的。

如果在大城市找不到工作的话，小丽就要回家乡了，可那边的就业机会更少，而且父母在面子上也会过不去。

小丽说："现在的用人单位不是看学历就是看能力！像我这样一个学历低又没能力的人，找工作的难度可想而知。我是学商务英语的，懂的知识不多，英语口语也不好，人又内向，找了很多工作，不是没人要，就是自己不愿意干。我在学校又没有学到什么特别的技能。谁能告诉我，我该怎么办？"

启示

就业的过程，是大学毕业生认识自我、评价自我、适应社会的过程。大学生应该尽

早进行合理的职业定位，找到适合自己的职业方向，同时，建立起合理的知识结构，提高实践能力，增强未来就业的竞争实力。

随着高校的扩招，大学普及率的提高，大学生的数量逐年增长。相应地，大学生毕业时所面临的就业形势越来越严峻，尤其是2019年后的新冠肺炎疫情更加剧了大学毕业生的就业压力。针对这种形势，大学生在就业前就要做好相应的就业准备。

就业准备是大学生为了从事某种职业或获得某种职位，在一个相当长的时期内所做的准备工作。就业准备既是大学生就业的基础和前提，也是社会发展的客观需要。就业准备包括就业认知准备、就业的知识与能力准备、就业心理准备等方面。

一、就业认知准备

大学生如果想在毕业后找到一份满意的工作，在大学期间就要了解与大学生相关的就业政策制度、关注宏观形势变化，进而形成健康的就业心态和正确的职业价值观，为自己的未来发展打好基础。

（一）加强对就业相关政策规定的了解

大学生应针对个人的职业诉求了解相关的政策和法规，以利于求职定位和职场信息的收集。

1．我国大学生就业制度的演变及发展

新中国成立以来，我国大学毕业生就业制度经历了“计划分配”“供需见面”“双向选择、自主择业”几个发展阶段。“双向选择”是一种过渡性的就业政策。随着改革开放的不断深入和社会主义市场经济体制的逐步完善，目前，我国已建立起以“自主择业”为主要特征的毕业生基本就业制度。

2．就业制度

（1）人事代理制度

毕业生人事代理是指政府人事行政部门所属的人才交流服务中心接受用人单位或个人的委托，管理大中专毕业生的人事档案关系、户籍关系等，并负责及时补充档案材料、接续工龄等。人事代理把原来的“单位人”变成了“社会人”，有助于形成人员能进能出、能上能下的良性用人机制。

（2）就业准入制度及职业资格证书制度

就业准入制度是指根据我国职业资格证书制度的要求，依据《中华人民共和国劳动法》《中华人民共和国职业教育法》的有关规定，对从事技术复杂，通用性广，涉及国家财产、人民生命安全和消费者利益职业的劳动者，采取必须经过培训并取得职业资格证书后方可就业上岗的制度。

职业资格证书制度是指按照国家制定的职业技能标准或任职资格条件，通过政府认定的考核机构，对劳动者的技能水平或职业资格进行客观公正、科学规范的评价和鉴定，对合格者授予相应的国家职业资格证书的政策制度和实施办法。

（3）劳动合同制度

劳动合同制度是专门规范劳动合同的制度。劳动合同与每一个劳动者都息息相关，是每一个劳动者走上工作岗位与用人单位发生劳动关系时都必须签署的协议。劳动合同的内容包括劳动者与用人单位经过平等协商后达成的关于权利和义务事项的条款。

（4）求职登记和职业介绍制度

我国颁布的失业人员登记管理办法规定，在一定劳动年龄内，有劳动能力、目前无业而要求就业的一般城镇居民，包括学校的毕业生，要到地方政府劳动保障局系统的劳动就业服务管理机构（各市、区、县职业介绍中心和城镇各街道劳动管理科、职业介绍所）进行登记，领取求职证。劳动者进行登记后，就取得了合法就业资格。这是政府介绍就业的前提，也是对失业人员发放失业保险金的先决条件。

目前，我国对领取下岗证的下岗职工，也会进行求职登记和给予职业介绍。政府人事系统的人才交流中心，则负责对专业技术人员、其他干部和毕业生进行求职登记和职业介绍。

（5）失业保险制度

失业是市场经济体制下人力资源供大于求时的必然现象。在就业政策方面，国家不仅鼓励就业者竞争就业、择优上岗，而且保护就业竞争中的弱势群体。对于能力低、身体弱、年龄大的劳动者，在其失业后，国家会发放一定的失业保险金和救济金，以维持其基本生活和劳动能力，使他们能在适合的条件下再次就业。

失业保险制度是社会保障体系的重要组成部分。

（6）国家公务员报考制度

国家公务员招考对象：主要面向全日制普通高等学校优秀应届毕业生，部分职位面向社会人员。目前，已有个别地方打破了公务员招考的身份界限和地域界限。如深圳市公务员招考已打破身份界限，允许具有干部、工人、农民、待业青年身份的考生报考科员以下的职位。

国家公务员录用考试由考试录用主管机关统一组织，分为以下七个步骤：制订录用计划、公告、报名、考试、考核及体检、公布拟录用人员名单、审核备案。

3．就业政策

就业政策主要包括两个部分：一是有关就业的法规，二是有关就业的措施办法。

（1）有关就业的法规

有关就业的法规包括《中华人民共和国高等教育法》《中华人民共和国劳动法》《中

华人民共和国劳动合同法》《中华人民共和国民法典》《中华人民共和国公务员法》《中华人民共和国就业促进法》《普通高校毕业生就业工作暂行规定》等。

（2）有关就业的措施办法

党和国家对大学毕业生就业高度重视，根据不同的就业形势，国家每年都会出台相应的就业政策和措施，为引导、协调、安排毕业生就业提供了有力的保障。国家政策大力扶持的就业项目有“定向培养”“大学生应征入伍”“直招士官”“大学生志愿服务西部计划”“一村一名大学生培育计划”“三支一扶计划”“农村义务教育阶段学校教师特设岗位计划”等，有意向的大学生都应对相关政策和法规有详细的了解和认识。

另外，国家积极鼓励高职院校毕业生自主创业，大学生可以在一定条件下，看准商机，发挥一技之长，自主创业，走自谋职业的道路。这样，可在解决自己就业的同时，又为社会提供新的就业渠道，缓解就业压力。

（3）特殊政策规定

① 取消大学生就业户口限制：教育部等四部委联合发布的《关于切实做好普通高等学校毕业生就业工作的通知》（教学〔2002〕16 号）中明确要求，省会及省会以下城市要取消进人指标、户口指标等限制。

② 机关事业单位就业的规定：“凡进必考。”按照“凡进必考”的相关规定，除国家政策性安置人员、按干部管理权限由上级任命及涉密岗位等确需采用其他方法选拔任用的人员外，单位岗位空缺必须实行公开招聘，并严格按照公开、平等、竞争、择优的原则组织招考程序。考试一般采取笔试和面试等方式进行。考试内容根据不同职位类别、不同层级公务员、事业人员应当具备的能力素质分别设置，重点测查其以习近平新时代中国特色社会主义思想指导分析和解决问题的能力。

③ 结业生就业的规定：结业生是指具有正式学籍，虽然学完教学计划规定的全部课程，但其中有一门以上主要课程不及格的学生。由学校向用人单位一次性推荐或自荐就业，找到就业单位的，可以派遣，但须在《报到证》上注明“结业生”字样；在规定时间内无单位接收的，将其档案、户口转至家庭所在地，自谋职业。

肄业生是指具有正式学籍，未学完教学计划规定的课程而中途退学的学生。国家不负责其就业派遣，将其户口转回生源所在地。

④ 关于改派的规定：毕业两年内找到工作并签订就业协议书，均可回学校办理改派手续。

⑤ 关于见习期的规定：一般情况下见习期不超过一年。

⑥ 对毕业时未就业毕业生的规定：一是其档案、户籍转回原籍，二是参加就业技能培训。

（二）树立正确的就业观

1. 树立积极参与就业竞争的意识

（1）主动参加双向选择

转变就业观念，不要做靠父母、靠长辈的“啃老族”，放弃“等、靠、要”思想，积极迎接新形势的挑战，主动参与双向选择。

（2）努力提高竞争实力

学习掌握专业知识和专业技能，明确并规划好自己的职业目标，全面提升综合素质，增强就业竞争能力，为就业做好准备。

（3）培养良好的就业竞争心理素质

就业过程中，不仅要有敢于竞争、不惧困难、志在必得的自信，也要具备勇于失败的平和心态。

2. 树立“先求生存，后谋发展”的思想，放弃“一步到位”的幻想

许多大学毕业生希望就业能一步到位，毕业后立即找到自己满意的工作。这是不现实的，也是不理智的。现实要求我们在考虑就业时要先解决生存问题，在保证生存的基础上再考虑岗位是否适合自己、是否符合自己的兴趣、自己能否得到提高、将来的发展前景怎样等问题。

3. 做好到基层一线、到艰苦的地方、到非国有中小型企业就业的准备

正确处理理性择业与实现职业理想的关系。对成功的价值判断不能仅以职业所处的地域、职位、收入水平等外在要素为标准，也不能从一时一事的得失中得出。

4. 树立自主创业的观念

创业是最好的就业。面对日益严峻的就业形势，选择自主创业既能为自己寻求出路，又能为社会减轻就业压力。近年来，特别是党的十八大之后，国家出台了一系列鼓励大学生自主创业的政策，营造了“大众创业、万众创新”的良好社会环境。

二、就业的知识和能力准备

一到求职季，大学生们便纷纷吐槽：大公司要求本科学历起步，小公司工作累、薪酬低；好不容易进入面试，又被强悍的竞争对手瞬间打败；下定决心回家乡就业，发现还得“拼爹”……吐槽之余，很少有毕业生认真想过自己进入大学校园后为就业准备过什么。那么我们究竟要为就业做哪些准备呢？

（一）合理的知识结构

学历并不等同于能力。毕业证只能证明你是某个学校某个专业合格的学生。对于是否符合用人单位相关岗位的上岗条件、是否能成为一名合格的员工，这需要用人单位来判断和决定。因此，一个大学生要想成功就业，以职业目标为导向的知识与技能积累十分必要。

1．专业知识储备

专业知识是大学生知识结构中的核心内容，是大学生赖以生存发展的资本和核心竞争力。大学生对自己所涉专业知识和技术的了解，要具有一定的深度和广度，对概念和理论体系、研究方法、学科历史与现状、国内外最新信息等也要有所了解和把握。同时，对其专业邻近领域的知识也要有所了解和熟悉，并善于将自己所学专业的领域与其他相关知识领域紧密联系起来。

2．专业技能储备

大学生仅有专业知识的储备是不够的，还要具备将书本知识转化为从事相关职业的技能和能力。现实中不乏这样的例子，很多在校学习成绩非常优秀的学生，在求职大潮中往往会被无情淘汰。例如，某大学秘书学专业的本科毕业生，成绩优秀，专业扎实，但是刚上岗时担任办公室文员的他，却连一个像样的通知也写不出来，其 200 多字的通知中出现了五六个错别字，并将“通知”这一文体应具备的五个要素丢了两个。因此，要想在求职大军中脱颖而出，仅有一张学历证书是远远不够的。只有那些既具有专业知识，又具有实践技能的人才，就业竞争力才会比较强。

3．基础知识储备

用人单位在考察、选拔员工时，不仅重视应聘者的专业水平，还十分重视应聘者基础知识面的广泛性，甚至还会考核应聘者的社会知识等。基础知识是知识大树之躯干，是知识结构的根基。无论选择何种职业，也不管要向哪个专业方向发展，都必须具备宽厚扎实的基础知识。特别是随着科技和经济的高速发展，社会的产业、行业、职业结构调整的速度必然加快，大学生在择业、就业上已不可能从一而终，职业岗位随时变动的情况将不可避免。因此，要想适应这种变化，必须掌握扎实宽厚的基础知识。

综上所述，在校大学生要想在未来激烈的人才竞争中获胜，就必须注重择业前的知识准备。在临近毕业前，要进一步查找自己在知识积累、掌握和运用等方面的薄弱环节，利用有利的学习环境，抓紧时间充实和完善自己的基础知识和专业知识。同时，还要根据社会需要来调整自己的知识结构，拓宽知识面，注意做到知识的结构化和系统化，以增强自己的适应能力。毕业生要围绕自己既定的职业目标，对自己所掌握的知识进行合理组合、恰当调配，使其形成一个有层次、可协调发展和及时更新的动态结构。只有这样，才能使自己积累的知识转变为解决问题的能力。

（二）综合素质能力的准备

专业知识和技能的准备固然重要，但这并不能让大学生们在求职的战场上立于不败之地。随着社会的进一步发展，综合素质能力强的人越来越得到用人单位的青睐，而这也逐渐成为招聘条件中必备的内容之一。在求职和就业过程中，职场中综合素质能力在某些时候比专业能力更有用。综合素质能力通常包括表达沟通能力、人际交往能力、公文写作能力、团队协作能力、时间管理能力、再学习能力、思考能力、应变能力和创新能力等。这些能力在各行各业的就业竞争和职业发展中都会用到，只是或多或少的区别而已。

因此，在校大学生应对照自己将来从事的目标职业，查找自己与职业要求的综合素质能力存在哪些差距和不足，并利用实习、兼职、社会实践等，有目的、有针对性地锻炼和提高自己的综合素质，以达到相应职业的要求。

（三）一技之长在手

通过浏览招聘信息，你会发现用人单位在列举某一岗位的招聘条件时，经常会有类似“具有……条件的人优先考虑或录用”这样的条件。这句话通常透露出“如果你有这样的特长，你就享有优先权”的信息。因此，在求职前，通过了解用人单位的用人需求和招聘条件，把一技之长作为突破口未尝不是好办法。有一技之长的同学可以在特长领域方面下功夫，最大限度地开发自己的潜在能力；可以参加专业技术资格考试，以获得相关专业技术资格或职业任职资格，为就业拓宽道路。需要注意的是，尽管一技之长可以在一定程度上帮助我们实现就业，但是我们不能把就业的希望完全寄托在一技之长上。只有具备专业知识和岗位技能前提下的一技之长，才可能助你成功就业。

（四）相关经验的积累

在招聘活动中，绝大多数的用人单位都会要求应聘者具有相关的工作经历或经验。虽然大部分学生清楚求职时经验的重要性，也尽可能地想办法增加自己的经验，如家教、推销、市场调查、发表文章、学生管理工作……但这些所谓的经验到了面试官面前仿佛就变得一文不值，因为用人单位要求的经验是与岗位相关的“工作经验”。首先，经验要与具体工作相关。我们说某个人经验丰富，其实是针对某方面工作成绩而言的，而不是笼统的评价。比如，一个管理学专业的毕业生应聘某企业的质量管理岗位，他自认为有学生会的工作经历，但在企业看来，其经历与质量管理根本风马牛不相及。其次，经验要有连续性。从时间上来看，积累的经验应该具有连续性，只有在某个领域、行业工作较长一段时间（3～5 年）后才有可能成为工作经验。因此，在校大学生要有选择地去积累相关经验，而不是被迫去积累不相关的经验。最后，经历绝不等于经验。学生学习期间的社会实践活动虽然提供了锻炼机会，但大部分都与专业所需、未来工作所用没有太大关系。零散的、无序化的“社会实践”是与求职目标没有任何关联的简单经历，根本构不成经验。

三、就业心理准备

大学生就业心理是指大学生在择业过程中表现出来的一般心理倾向和特征。我国就业模式的变化，给大学毕业生带来了前所未有的压力和挑战，使大学生在就业过程中不可避免地会遇到一些前所未有的挑战和困难，心理上会经历一些复杂的变化，甚至出现心理障碍。因此，大学毕业生怎样积极应对新的就业环境，培养良好的就业心理，是就业准备的主要内容之一。

（一）正视现实，调整就业期望值

我国目前实行的是全面双向选择的自主择业制度。不少大学生只看到自我选择的一面，往往对“市场”残酷的一面认识不足，不愿接受就业现实，更谈不上脚踏实地地寻求解决问题的办法。

当前，社会普遍存在用人单位招不到合适的人才，而毕业生又找不到满意岗位的“错位”现象，这与大学生个人较高的就业期望存在一定关系。因此，在校大学生必须根据自己的实际情况和当前的就业形势，适时调整自己的就业期望值，放弃过去那种“一步到位”的择业观，以乐观自信的心态去应对，树立长远的职业发展目标。在近期获得理想职业时机还不成熟时，要采取“先就业，后择业，再创业”的办法，不断提高自己的社会生存能力和职场适应能力，积累相应的工作经验，然后再凭借自己的努力来逐步实现自我价值。

（二）认识自我，找准职业定位

大学生在求职过程中常常不能正确认识自我，比如不清楚能够实现自己人生目标的职业是什么，不知道什么样的工作更适合自己，不清楚自己目前的能力能干什么样的工作，也未曾有针对性地培养相关的职业技能，面对用人单位的招聘要求，就可能出现自卑、失望、悲观、不满等情绪。因此，大学生要认清自己，正视自己的现状，了解并分析决定自己职业选择的职业兴趣、职业个性、职业能力、职业价值观等因素，再根据自己“喜欢做什么”“适合做什么”“擅长做什么”“最看重什么”及自己的优势和劣势找准职业定位。职业定位既要考虑社会需求、工作环境、个人能力等方面的因素，又要处理好职业理想与就业现实之间的冲突。大学生应该主动随着就业形势的变化及时调整自己的就业期望值，从而将自己的就业心理调整到最佳状态。

（三）无惧挫折，坦然面对失败

面对就业竞争和就业压力，大学生求职可能会遇到这样或那样的困难、挫折甚至是委屈，一旦求职失败，会因为不能很好地调节自己的心态而一蹶不振，陷入苦闷的情绪之中不能自拔，甚至有些大学生会产生心理障碍。例如，有的学生在就业受挫后，不能正确调整心态，不思进取，情绪低落，有的甚至形成求职恐惧症；有的学生因此产生自卑心理，对自身能力产生怀疑，严重的还出现了自闭倾向。其实，就业的过程也是大学生重新认识自我、认识社会并主动调整自我适应社会的过程，出现求职失败是在所难免的，不能期望自己每次求职都能成功，要对可能出现的求职挫折有充分的心理准备。大学生要学会自我调整与自我接纳，坦然面对失败，求职失败并不一定就是自己能力不行。出现求职失败有许多原因，可能是你与所求职单位的方向不符，也可能是你的价值观与单位的企业文化不符，还可能是其他一些偶然因素。大学生应该通过分析原因，调整自己的求职策略，以便在下次求职中获得成功。如果毕业生能通过求职而增强自我心理调节与承受能力，对今后个人的职业发展是非常有用的。

（四）主动出击，勇敢面对竞争

就业的“双向选择”对大学生强化竞争意识提出了迫切要求，迎接新的挑战、强化竞争意识是大学生在择业前最基本的心理准备，要自觉正视社会现实，放弃“等、靠、要”思想，树立积极主动的心态，采取毛遂自荐、主动出击的方式，积极地向用人单位推销自己，不要一味地依靠学校、依靠老师，或者听从家长的安排。

竞争过程是学习和提高的过程，在求职与择业竞争中，要正确进行自我评价，充分了解自己的实力，竞争中既要尊重竞争对手，学会欣赏他人，又要充分发挥自身优势，克服情绪上的焦虑和波动，争取在竞争中获胜。

（五）心理问题的自我调适方法

大学生在求职择业过程中遇到困难、挫折和冲突时，会出现各种各样的心理问题，如焦虑、自卑、怯懦、自负、冷漠、盲目、沮丧、幻想等。这些问题如果不能得到适时的调适和缓解，就会不断堆积，后果将不堪设想。因此，大学生遇到这些情况时要运用心理调适的方法和技巧，及时解除心理冲突，迅速消除心理误区，有效排除心理障碍，重树信心，以积极的心态面对求职择业。

心理问题自我调适的主要方法有以下几种。

1．情绪转移法

把自己的情感和精力转移到其他活动中去，如参加有兴趣的活动、学习新知识技能、假日郊游等，使自己减轻或消除不良情绪影响，以求得心理平衡。

2．适度宣泄法

因挫折造成焦虑和紧张时，消除不良情绪最简单的方法莫过于宣泄。切忌把不良情绪埋藏于心，应进行适度的宣泄。如向知心朋友、老师倾诉，以及参加打球、爬山等运动量大的活动。宣泄时要注意场合、身份、气氛，注意适度，其结果应该是无破坏性的。

3．自我安慰法

择业时遇到困难和挫折，尽最大努力仍无法改变时，找一个自己可以接受的理由来保持内心的安宁，承认并接受现实。这样就能缓解因心理矛盾而引起的悲观失望等不良情绪，重新找回自信，树立继续努力的信心。

4．松弛练习法

通过呼吸、想象等方式，让自己在心理上和身体上得到放松。放松训练可以帮助大学生迅速减轻或消除各种不良的身心反应，如焦虑、恐惧、紧张、失眠、头疼等。大学生择业时遇到类似心理反应，可在专业人员的指导下，尝试进行放松练习。

5．自我激励法

毕业生在择业面试中常常出现胆怯、信心不足等现象，可以通过积极的自我暗示、自我激励进行调节，增强自信心。例如，运用内部语言或书面语言来调节情绪，在心里默念"我会发挥得很好""我一定能成功"等语句，或者写在纸上，或者找个空旷的地方大声喊出。这些对走出自卑、消除怯懦有一定的作用。

此外，自我调适的方法还有理性情绪法、自我重塑法、环境调节法、自我暗示法等。

总之，在求职和就业的过程中，难免会遇到挫折和挑战，要培养良好的意志和坚强的性格，避免在关键时刻优柔寡断，错失机会。同时，要善于听取意见，积极参加集体活动，在实践中克服自卑、胆怯的心理。另外，要客观地认识自己，正确处理择业中的各种矛盾与问题，培养良好的就业心态和心理素质，从容、冷静地面对就业这一人生重大课题，并做出正确、理智的选择。

思考与练习

1. 社会对大学生知识结构的要求有哪些？
2. 大学生心理问题的调适方法主要有哪几种？

第二节　提前求职应聘

案例导入

小胡是位外省籍毕业生，农村出生的他深知毕业后如果想留在学校所在的城市就业，需要做长期的准备和不懈的努力。于是他从大一开始就申请到了学校就业指导中心勤工助学的岗位，在那里了解到了国家、学校所在城市近几年或当年的毕业生就业政策，自己所学专业近几年的就业率及本市有哪些单位经常招聘本专业毕业生，这些单位有哪些用人特点和师兄师姐对这些单位的评价等。细心的小胡还专门准备了一个小本子，分门别类并详细地记录了就业政策、心仪的用人单位地址、人事部门联系电话及重要领导、负责人等，并根据这些信息适时调整自己的学习和就业计划。经过三年的不懈努力，小胡终于抓住向往了三年的某单位的实习机会，并在实习结束后顺利地留在了该单位，同时解决了自己的档案和户口问题，最终实现了自己的愿望。

启示

机遇总是垂青于有准备的人。要想有所作为，大学生应该尽早确定就业的目标，自觉地把大学学习同今后的求职择业乃至将来的职业生活紧密地联系起来，以适应职业岗位的要求。与此同时，在求职的过程中，大学生需要广泛拓展自己的求职信息获取渠道，还需要准备好简历、求职信等求职材料。

在当前就业形势下，“双向选择、供需见面”给大学毕业生的就业带来了诸多机遇。结合“探索职场”中的学习内容，大学毕业生在收集信息和评估分析信息后，掌握基本的求职方法与技巧，对抓住就业机会，尽快找到自己理想的工作岗位是十分必要的。

一、求职材料的准备

大学生为了与用人单位取得联系并推荐自己，必须准备一份全方位介绍自己的求职材料。在求职过程中，求职材料有举足轻重的作用，推荐、面试、录用都离不开它。求职材料的好坏直接影响能否成功就业。

（一）求职材料的内容

求职材料是反映大学生综合素质和综合实力的书面材料，也是用人单位了解求职大学生学习、能力、品德、特长等各方面情况的重要途径，它是毕业生与用人单位之间交流信息的载体。因此，高职学生要精心准备求职材料，为成功就业赢得关键的第一步。

求职材料主要包括：各种证件和证书，如身份证、学生证、毕业证书（学历证明）、职业资格证书、职业技能等级证书、荣誉证书等；求职信、个人简历；推荐表；学习成绩单；就业协议书；其他材料，如发表的论文、科研成果、设计作品等。

在求职材料中，特别重要的是写好具有说服力和吸引力的求职信和个人简历，它们是迈入心仪工作单位的“敲门砖”。

（二）求职信的撰写

1．求职信的分类

求职信是一个统称，根据求职意向单位的不同，可以将求职信分为应聘信和自荐信（自荐书）两种。

（1）应聘信：这种求职信是在已经知道某个单位招聘信息的情况下写的，它具有高度的针对性。主要针对拟应聘的职位要求，介绍自己的基本情况、专业能力、技术特长，表述自己的主观愿望，以吸引招聘者注意，而取得面试机会。

（2）自荐信（自荐书）：这种求职信不分职业、单位和对象，没有求职的具体目标，具有广泛适用性。主要向用人单位介绍自己的情况，让单位了解并对自己感兴趣。普遍使用在供需见面会和人才市场招聘会上。

2．求职信的内容和格式

求职信作为一种信函，具有一般信件的规范格式。主要由标题、称谓、正文、结语、落款、附件等部分构成。

（1）标题。求职信的标题通常只有文种名称，即在第一行中间写上“求职信”“自荐信”或“应聘信”。

（2）称谓。称谓是对阅读信件的人的称呼，写在第一行，要顶格写单位名称或个人姓名，在称谓后附上冒号。求职信的称呼比日常书信所用称呼要正规。

因为事先已对求职单位的情况有了较深了解，所以应聘信的称呼要写得确切，比如可以用“尊敬的×× 处长（或科长等）”“尊敬的×× 经理（主管等）”称呼，阅读者可能就是录用你的人，要特别注意此人的姓名和职务，书写要准确，千万不能马虎。一般的称呼会显得求职者不熟悉应聘的组织，而给阅读者留下求职者对这份工作不够热情的印象。假如对有关人员的姓名不熟悉，那么在应聘信中可以直接称阅读者的职务头衔，如“××物流公司人事处处长”“××银行人事部门主管”等。

“自荐信（自荐书）”因为事先没有具体的求职目标，称谓多用“尊敬的领导”或“尊敬的人事部门领导”等。

求职信的目的在于求职，因而其称谓要求严肃谨慎，要有礼貌，不能随随便便，也不能过分亲昵，以免给人阿谀奉承或唐突之感。至于“亲爱的先生”或者“亲爱的夫人”等称谓，也是不可取的。称谓后的问候语一般应为“您好”而非“你好”，更不能用“您们好”。

（3）正文。正文要另起一行，空两格后写求职信的内容。正文一般由开头、主体、结尾三部分组成。正文内容较多，要分段写。

① 开头

自荐信的开头部分主要写明求职者的基本信息，如姓名、年龄、性别、毕业院校与专业等。

应聘信的开头部分除了要写明自己的基本信息，如姓名、年龄、性别、毕业院校与专业、和求职目标有关的情况外，还要说明从何渠道得到的有关信息（求职信息来源）以及写此信的目的（申请的具体职位）。

这部分介绍情况要简明扼要，对所应聘职务的态度要明朗。为了让收信者有兴趣读下去，开头要有吸引力。

② 主体

这是求职信的核心部分，主要是向对方阐明自己所具备的各方面能力和优势。内容主要包括专业知识与能力、社会实践能力和个人兴趣、爱好、业余特长等。

专业知识与能力方面，要着重介绍自己的专业特长，讲明自己对相关专业知识的掌握程度及相应的技能技巧水平。如果能提供客观数据或获奖证明（比如参加各种专业技能比赛等），则更具说服力。凡是通过了国家统一级别考试的，要具体如实地报出级别。

社会实践能力方面，可以用具体事实说明自己曾从事过的各种社会实践活动（包括实习、兼职、培训进修、学校组织的各种社会活动等），对自己的工作能力做出客观评价，并表明自己的工作态度。

个人兴趣、爱好、业余特长方面，可以写自己各个方面特殊的、突出的业余爱好及特长。用人单位选拔人才比较注重个人的综合素质，需要的是“一专多能”的复合型人才。

应聘信对这部分的要求更为严格，要求求职者能有的放矢，一定要针对拟应聘岗位的要求来展开对自己能力和优势的介绍。要突出自己与拟应聘岗位相关的“绩”“优”“特”。所谓“绩”，即业绩，包括自己在校期间的理论知识成绩和专业技能成绩，如获得的奖学金、发表的理论研究文章、专业领域里的研究或技术革新成果、各类专业资格证书等。所谓“优”，即优点、长处，指别人所没有而招聘单位又需要的本领、技术特长与优势，包括工作技能、生活态度、团队精神、职业道德、工作纪律、钻研精神等方面的优点。所谓“特”，即特别的技术、特别的本领。能想出别人想不出的方法技巧，解决别人不能解决的问题，这就是“特”。要始终记住回答招聘单位这样一个问题：“我们为什么要聘用你？”如果你的应聘信和其他人一样，将很难使自己显得突出而引起对方的重视。

③ 结尾

结尾可以再次强调自己的求职愿望，提出希望和要求。如希望对方能给自己一个面试的机会、盼望答复、静候回音等。在此部分可以写上自己的具体联系方式。

（4）结语。表示敬意、祝福之类的词语，如“祝贵公司财源广进”“顺祝愉快安康”“此致敬礼”等。

（5）落款。包括署名和日期。写信人的姓名和成文日期写在信的右下方，成文日期写在姓名下面。

（6）附件。有说服力的附件是鉴定求职者的凭证，是求职信不可忽视的组成部分。附件不需太多，但必须有分量，足以证明自己的才华和能力。求职信中提到的相关业绩和能力最好在附件材料里得到佐证，比如身份证、学历证书、专业等级证书、职业资格证书、各种获奖证书等。附件可在信的结尾处注明。

3．撰写求职信的注意事项

（1）重点突出，言简意赅

要在第一时间吸引招聘方，将最重要的信息充分显示，篇幅不能过长，以300～500字为宜。

（2）突出个性

面对不同的招聘单位和职位，求职信在内容侧重点上要有所不同，必须有很明确的针对性，切忌千篇一律，没有自己的特色。好的求职信应该突出自己的个性，针对拟应聘岗位的要求，展示自己与岗位要求相匹配的“人无我有”的优势和特长。

（3）实事求是，不卑不亢

内容一定要真实。行文切忌夸大其词。

（4）语句通顺，文字流畅

求职信一般要求打印，要做到文字工整、美观，不要出现错别字，语句流畅通顺，文字通俗易懂，切忌用华丽的辞藻进行堆砌，少讲大话、空话和套话。

（三）个人简历的制作

对应聘者来说，个人简历是最重要的求职材料。招聘单位的人事部门主要通过个人简历来了解应聘者的情况，决定是否给予面试机会。无论通过哪一种招聘渠道，都需要提供个人简历。

1. 个人简历的类型

常用的简历一般分为文字型简历和表格型简历两类。

文字型简历就是用文字来描述自己的经历，如个人基本情况、工作经历、个人成绩、奖励情况等。文字型简历的好处是便于求职者详细地、完整地介绍自己的有关情况。

表格型简历是以表格的形式分栏目介绍个人情况，比较简练，一目了然，是许多大学生喜欢采用的个人简历形式。特别是经过计算机进行文字处理后的表格型简历，规范美观。

2. 个人简历的内容

个人简历包括个人概况、教育背景、工作（实践）经历、荣誉成就、自我评价、求职意向等。

（1）个人概况。包括求职者的年龄、性别、民族、籍贯、政治面貌、学历、学位、婚姻状况、兴趣爱好、健康状况、家庭住址、电话号码等。这些信息不必一一写明，可视个人及应聘岗位情况增减。

（2）教育背景。包括毕业学校、毕业时间、所学专业、主修课程、英语水平、计算机水平等。毕业院校、所修专业要写全称；毕业时间要落实到月份；主修课程只列写专业主体课程，突出相关的、高分的课程；英语、计算机技术水平在陈述等级之外，对实际能力要适当描述。应该尽可能扬长避短，重点强调自己最近几年所受的教育和培训（进修）情况，包括与应聘工作最有直接关系的特别课程或活动。

（3）工作（实践）经历。此部分为简历的核心内容，主要包括专业实践、社团实践和志愿者实践。一般是先写近期的，其他按照年代顺序依次写出。在每一项工作（实践）经历中先写工作起止时间，接着是工作（实践）单位、具体职务（职责）、重要业绩。要根据个人情况的不同而重点突出说明工作（实践）的具体内容与经历，尤其是与求职目标相关的工作（实践）经历。所写内容必须是最主要、最有说服力和最具证明性的，不要只记录曾经做过什么，更重要的是如何做的、做到了什么程度。毕业生主要写社会活动与实践经历，尽可能列写所有有意义（尤其是与职业领域相关）的社会经历（如乡村支教、暑假义工、社区助残、短期打工、兼职家教等）与实践经历（如毕业实习、勤工俭学、社团工作、助教助研、编辑刊报、主持活动等），写自己从中学到了什么技能，提高了哪些能力。所列出的技能一定要与自己应聘的岗位相符合，最突出的技能应该是最接近岗位要求的，而不一定是最拿手的。讲述工作经验时，不要只针对工作本身，业绩和成果更为重要，要表明自己的技能、专业知识、在工作中所起的作用及最终的良好结果，最好做到具体化、数字化、精确化。

（4）荣誉和成就。荣誉包括在校期间获得的“优秀学生”“优秀学生干部”“优秀团员”“优秀团干”及专项奖学金等；成就包括重大成果（结题的科研项目）、撰写论文（注明是否已发表）、成功主持举办的活动等。

（5）自我评价。要简明扼要地表明自己的最大优势所在，突出专业、能力、经验等方面与所应聘职位的高度匹配，给招聘方一个要想与你见面的理由。

个性特点。是个人“软技能”的体现，这点被越来越多的公司所重视，对方可从中了解求职者的个性是否符合其岗位要求。概括个性特点，既要符合本人实际情况，又要有一定的倾向性、针对性。如要应聘销售类职位，可以多描述本人性格外向，容易与人相处，善于应变等；要应聘财会类职位，则要强调本人原则性强、性格沉稳、做事稳重、对数字敏感等。

爱好特长。应该针对所应聘公司的要求来设计。在自己的特长中有选择性地写，不具体的爱好特长不写，与职位和工作无关的兴趣爱好不写，最好能写上一两项体育爱好。

自我评价。应当客观、全面而富于个性。自我评价必须是在正视自己、面对现实的基础上做出的，千万不要有虚假成分，如夸大自己的能力、优点或工作经验等。自我评价既包括自己的特殊素质，又包括综合素质；既包括自己的优点和长处，也包括缺点和不足。自我评价应尽可能避免千篇一律，可以用短诗表明生活态度，或引用经典名句阐发人生志向，也可以引用师友的评价，建议侧面表达。

（6）求职意向（此项内容可置于“个人概况”之后）。要清晰地锁定求职目标，并能给予适当说明，表明你想做什么，能为用人单位做什么，不能笼统地写成“希望找一份具有挑战性、发展空间宽广的职位”。内容应简明扼要，如有多个目标，尽量写上多份不同的简历，在每一份上突出不同的重点。若应聘大公司不同部门的不同岗位，则需写两份不同的简历，各申请一个职位，以便对方转给不同的部门负责人；若应聘小公司或同一个部门的两个岗位，则可把两个目标连在一起写，如“应聘行政助理或从事助理工作”（注意：A、B 岗位必须处于同一职务水平的相关领域）。

（7）联系方式（电子信箱、QQ 号码、微信号码、移动电话、固定电话、通信地址、邮政编码等），放在正文之后或是置于个人概况栏均可。

3．个人简历制作的注意事项

（1）内容真实

个人简历要诚实地进行记录和描述，这样才能使阅读者产生信任感，而用人单位对求职者最基本的要求就是诚实。个人简历不能弄虚作假、编造经历。

（2）用语简明

招聘人员每天都要面对大量的求职简历，一般在粗略阅读和筛选时，如果简历篇幅很大，招聘人员会缺乏耐心，难免漏看部分内容，这对求职者是很不利的。

（3）突出重点

重点突出才会给人留下深刻印象。个人优势部分是整份简历的点睛之笔，是最能吸引人的地方。

表格式简历模板

个人简历

应聘单位： 应聘职位： 年 月 日

<table>
<tr><td rowspan="2">姓 名</td><td rowspan="2"></td><td>性 别</td><td></td><td>民 族</td><td></td><td rowspan="3">照片</td></tr>
<tr><td>籍 贯</td><td></td><td>政治面貌</td><td></td></tr>
<tr><td>出生年月</td><td></td><td>身 高</td><td></td><td>婚 否</td><td></td></tr>
<tr><td>户 籍
所在地</td><td colspan="3"></td><td>身份证号码</td><td colspan="2"></td></tr>
<tr><td>毕业院校</td><td colspan="3"></td><td>毕业时间</td><td colspan="2"></td></tr>
<tr><td>学习专业</td><td colspan="3"></td><td>爱好特长</td><td colspan="2"></td></tr>
<tr><td>个人履历</td><td colspan="6"></td></tr>
<tr><td>时 间</td><td>学 校</td><td>学 年</td><td>学 历</td><td>专 业</td><td>担任职务</td><td>备 注</td></tr>
<tr><td></td><td></td><td></td><td></td><td></td><td></td><td></td></tr>
<tr><td></td><td></td><td></td><td></td><td></td><td></td><td></td></tr>
<tr><td></td><td></td><td></td><td></td><td></td><td></td><td></td></tr>
<tr><td>外语
应用水平</td><td></td><td>计算机
应用水平</td><td></td><td>职业期望</td><td colspan="2"></td></tr>
<tr><td rowspan="5">工作经历</td><td>时 间</td><td colspan="3">工作单位</td><td colspan="2">职 务</td></tr>
<tr><td></td><td colspan="3"></td><td colspan="2"></td></tr>
<tr><td></td><td colspan="3"></td><td colspan="2"></td></tr>
<tr><td></td><td colspan="3"></td><td colspan="2"></td></tr>
<tr><td></td><td colspan="3"></td><td colspan="2"></td></tr>
<tr><td>待遇要求</td><td colspan="6"></td></tr>
<tr><td rowspan="2">联系方式</td><td>联系电话</td><td colspan="2"></td><td>E-mail</td><td colspan="2"></td></tr>
<tr><td>通信地址</td><td colspan="2"></td><td>邮 编</td><td colspan="2"></td></tr>
</table>

条文式简历模板

求职简历

基本信息

姓名：××× 性别：× 民族：× 籍贯：××（省）××（市）

出生年月：××××年××月 学历：大专

毕业学校：××省科技职业学院 专业：国际经济与贸易

住址：××省××市××区××街××号 邮政编码：××××××

联系电话：××××××× 电子邮箱：×××× @ ××.com

求职意向

销售部主管

工作经历

2018 年 5 月至今，担任××瓷器公司市场部业务员。

主要负责与经销商签订经销合同，办理产品的包装、运输、保险等相关事宜；负责货款结算、产品售后跟踪、收集市场反馈信息以及开拓新的销售渠道等；负责公司新业务员的培训，在实际工作中具体指导和协调新业务员的销售工作，多次受到公司的表彰。

2012 年 12 月至 2018 年 4 月，在×××公司做市场调查员。

主要负责以电话形式向客户听取产品意见，并填写相应的表单转报给公司。

教育经历

2017 年 9 月至 2017 年 7 月，就读于×××省××职业学院国际经济与贸易专业。

在校期间学习成绩优秀，担任学生会干部，工作认真负责，多次被学院评为优秀学生干部、优秀团干部、个人标兵等。

专业资格

2015 年 7 月至 2015 年 9 月，×××省××职业学院，通过外销员考试。

2016 年 3 月至 2016 年 6 月，×××省××职业学院，通过报关员考试。

外语水平

高等学校英语应用能力考试 A 级。

可与外商进行日常沟通，熟悉业务范围内常用英文术语。

电脑操作

能够熟练使用常用办公软件。

个人评价

非常热爱市场销售工作，有着十分饱满的工作激情。在四年的陶瓷市场销售工作中积累了大量的实践经验和客户资源。与海内外 20 多家陶瓷经销商建立了密切联系，并在行业中拥有广泛的业务关系。在 2021 年省陶瓷博览会上为公司首次签订了海外的订单。能与团队成员密切协作，共同取得优异的销售业绩。

二、面试技巧

面试是由招聘单位人事管理人员精心设计，以交谈与观察为主要手段，通过求职者口头表达和行为表达，来测评求职者的知识、能力、经验、情商、品质等综合素质的一种考试活动，可以说面试是对大学生进行综合素质的测试。面试是大学生能否顺利签约的重要环节，也是大学生在一系列求职过程中最“望而生畏”的一个环节。

（一）面试的类型

1．结构式面试

面试官会按照事先设定的考核标准精心设计问题，制定标准的评判或计分方法，然后对相同职位的应聘者进行相同问题的测试或谈话，以此考核应聘者的知识、能力、经验等，并做出相应评价。结构式面试属于常规面试，可最大限度地去除偏见，做出客观决定。此形式已为众多用人单位所采用。

2．非常规面试

结构式面试之外的其他面试方式均可被视为非常规面试，常见的有以下几种形式。

（1）闲聊式面试

面试官与应聘者自由漫谈，使应聘者充分放松并自由发表言论，在交谈中观察了解应聘者的能力、知识、谈吐和风度。

（2）小组讨论式面试

由应聘者组成一个临时工作小组，讨论给定的问题并且做出决策。目的是考核应聘者的领导能力、组织能力、口头表达能力、说服力、洞察力、处理人际关系的技巧等。

（3）无领导小组面试

采用情景模拟的方式对应聘者进行集体面试，考官通过观察应聘者在给定情景下如何应对危机、处理紧急事件，以及与他人合作的状况，来判断该应聘者是否符合公司的岗位需要。

（4）评估中心

专业化程度高的外企通常会利用一两天的时间通过评估中心进行人才选拔。评估中心将进行一系列综合性考核，包括在公众人物面前发表演讲、无论题讨论、团队创建游戏、辩论等，目的是考核应聘者的适应能力，以及在一个全新的、毫无准备的情境中处理问题的能力。

（5）多对一的主试团面试

由多个部门组成主试团，考核应聘者的人格素质、业务素质、行为风格等。

（6）远程视频面试

运用现代网络技术手段，通过网络视频进行远程交流的面试方式。

在实际面试过程中，主试人可能只采取一种面试方式，也可能同时采用几种面试方式。对此，应试者要做好充分的准备。

（二）面试的内容

1．自我介绍

这是应试者与面试官建立互动关系的第一步，在 2～3 分钟的陈述中，面试官将对应试者的精神风貌、表达方式、对工作的渴望态度等情况进行初步判断，从而形成至关重要的第一印象。

2．背景陈述

面试官将通过这部分，重点考核应试者是否具备与未来工作要求相符或略有超越的基本能力。

3．交流讨论

这是面试过程中最关键的部分，面试官将试图把应聘者的资质和职业兴趣与单位可提供的工作职位进行有机对应。在这一阶段，应聘者应该针对所讨论的话题进行富有建设性和吸引力的对话，还可以结合没有涉及或没有充分展开的问题与面试官进行交流。

4．专业测试

对于教师及技术型的职位，还需要进行试讲、表演或操作测试程序等专业测试。

5．结束阶段

面试官会利用面试的最后几分钟对单位再进行简单介绍，回答应试者仍然不太清楚的问题，同时说明应试者将在什么时候得到面试结果，并介绍接下来的考核方式。

（三）面试前的准备

面试是求职过程中的重要一环，是大学生通往自己心仪单位的必经之路。应试者要想在面试中有出色的表现，就要做好必要的准备，不打无准备的仗。

1．出行准备

面试前一天，应提前了解面试地点，并查询出行路线和确定出发时间。

2．材料准备

在面试之前，应准备好自己应聘该单位该岗位的简历。由于事先不了解面试官的人数，简历可以适当多准备几份。除了简历之外，应届毕业生求职者还应准备自己的成绩单、毕业证书、学位证、英语等级证书、计算机等级证书、在校期间的重要获奖证书、参加职业能力培训等活动的结业证书等材料，尽量准备原件。这些材料在面试时不一定会用上，但很多单位人力资源部门会在面试前通过查验原件来核实简历中的信息。

3．信息准备

对用人单位的性质、隶属关系、机构设置、经营或事务范围、管理体制和管理状况、人员组成状况、工作内容、单位背景资料、业务发展前景、用人机制和策略等，要做到心中有数。同时，还应通过熟人、朋友或有关部门了解当天面试的方式、过程、时间安排以及相关情况，索取其可能提供的任何说明材料。总之，资料准备得越充分可靠，对面试越有利。

4. 知识准备

要了解应聘岗位的工作职责和工作要求，就要熟知应聘岗位所需要的专业知识和业务技能，认真总结自己过去的成就，挑选与本职业有关联的事项，有重点地罗列出来。通过显示对专业知识的掌握和理解来表达获得这一职位的愿望。

5. 问题准备

预设考官可能问到的问题。一般来说，面试考官向毕业生提出的问题可能是多方面的，很难做到尽在预料之中。但是，在面试前可以通过查阅网上相关资料，将面试常见问题适当进行归类，然后找同学、朋友进行角色模拟以达到最佳效果。这项准备有助于认清自己真正的想法，有助于在面试现场清晰地进行自我表达。

6. 心理准备

面试前要进行心理调适，克服紧张情绪，排除心理干扰。要让自己知道成功的关键在于自己优秀的素质以及良好的临场发挥，要充满信心，保持积极的心态和快乐的心情，以一颗平常心正确对待面试。同时，也要做好承受挫折的心理准备。只要展现自己的自信与良好、健康的一面，就能去除不必要的紧张与恐惧。

（四）面试中的技巧和方法

面试是大学生与用人单位招聘人员面对面的接触，是大学生全方位展示自己的一次宝贵机会，在面试过程中运用一些技巧，往往是面试成功的关键因素。因此，大学生应对其高度重视，学习并掌握一些必要的技巧与方法。

1. 自我介绍的技巧

自我介绍一定要提前做好准备，时间以2～3分钟为宜，做到思路清晰、重点突出，不要简单重复简历上的内容，要讲清自己的基本情况，重点陈述自己的个人优势、能力、专业知识、技能、成就等。在介绍自己的能力和优势时，要注意提供真实可靠的数据，事实一定要具体，要有说服力。态度要谦逊，避免炫耀，忌大话、空话、套话。好的自我介绍，能给面试官留下良好、深刻的第一印象。

2. 倾听的技巧

善于倾听对方说的话，是面试成功的又一要诀。在面试人员讲话时，求职者要集中注意力，保持耐心，不能表现出不耐烦的表情，更不能东张西望。同时，在面试过程中要专心注视面试人员，通过对方谈话的用词、语调、表情、动作等领会其真实意思；对面试人员的讲话或提问，要适时做出理性反应，如不时点头、不时微笑或使用语气词“嗯”

“哦”等来表明正在注意听或已引起兴趣；在倾听的过程中，要避免完全被动、长期沉默。

3. 回答的技巧

回答问题是面试最基本的环节。如何回答问题直接影响着面试的结果。

第一，回答问题之前最好思考一下，确认提问的真实内容，以免回答时答非所问。

第二，回答问题时要抓住重点，条理清楚，有理有据。一般情况下，回答问题要结论在先、议论在后，先把自己的中心意思表达清楚，再做叙述和论证。不要太简略，也不要太长，切忌只回答“是”“好”“对”“没问题”等字句，要完整并举实例说明。

第三，回答问题要诚恳踏实。遇到自己不知不懂不会的问题时，默不作声、牵强附会、不懂装懂的做法均不可取，诚恳坦率地承认不足之处，反倒会赢得面试官的信任和好感；而过于夸耀和张扬，容易给人浮夸、卖弄的印象。

第四，回答问题时要做到扬长避短，尽量展现自己熟悉、擅长领域里的知识和能力，突显自己的长处。

第五，遇到刁钻古怪的问题，应将计就计，冷静应对，表现出理智、容忍和大度。

4. 提问的技巧

面试官问你是否有问题时，一定要把握机会进行发问，以表现自己对这份工作的强烈兴趣。可以通过提问，展示自己事先对用人单位和所应聘职位的了解，体现自己的与众不同。但是，最好只就工作内容、人事规章等重要问题发问，要克制表现欲，不宜提问过多，不要离题太远，要适可而止。在面试过程中，始终不要忘记自己的位置，要意识到自己正在接受面试。

思考与练习

1. 大学生通过各种渠道获得的就业信息有哪些？

2. 结合本人实际准备一份完整的求职材料。

3. 面试前一般要做哪些准备？

4. 人无完人，我们如何在真实的简历中述说和描述自己的不完美，即如何突出自己的优势，淡化自己的劣势。对几种常见的问题，大家以小组为单位，以头脑风暴的方式说出自己的解决方案。

（1）成绩偏科如何解释？

____

（2）缺少专业相关实习经历如何自圆其说？

____

（3）因参加学生活动而考试挂科怎么办？

____

（4）学校并不出名怎么办？

第三节　掌握求职礼仪

案例导入

小李是某职业学院文秘专业应届毕业生。在同学们的眼中，她的择业优势太多了。一家著名大公司要招聘文秘人员，小李递交了个人简历，很快公司通知她面试。小李面试时选定了时下最流行的那套“韩装”，精心地搭配了一副同样是时下最流行的金光闪闪的耳环，连她自己都觉得镜中的人太酷了！小李满怀信心地走进面试间，镇定地回答了几位招聘者的提问，她觉得自己势在必得。但她万万没有想到，隔天就收到了用人单位的拒信。

启示

礼仪是一个人内在修养和素质的外在表现，是人际交往中示人以尊重、友好的习惯做法。大学生在求职过程中，不能为了突显“个性”，而忽略了求职环境对仪容仪表的要求。

大学生求职成功与否，外在形象给主考官的第一印象至关重要。这不仅包括服装，也包括表情、姿态、仪表、语言等方面。求职成功的技巧可能就在一些不被人注意的细节里面。一些行为细节往往能反映个人的全面素质或在某一方面的专长，注意仪容仪表和言谈举止的求职者，往往能给对方留下美好的印象。反之，如果职场上不注重礼仪，本来很好的机会，可能会由于举止言行的某一失误，导致面试失败。因此，大学生在整个求职的过程中，要注意小节小事，尤其要提前学习和掌握能够表现个人素质的各种礼仪，从各个方面表现求职诚意，积极而有分寸地推销自己。

求职过程中，大学生应注意学习和掌握哪些礼仪？

一、仪容礼仪

人际交往中，仪态端庄、衣冠整洁既体现了对他人、对社会的尊重，也表现出一个人的精神状态和文明程度，在求职时当然也成为衡量人的标准之一。仪容指的是一个人的容貌，但不单单指外貌方面，它还包括发式以及人体所有未被服饰遮掩的肌肤。对仪容的基本要求是整洁、卫生。

（一）头发

首先，头发要保持干净，没有异味，不能有头皮屑。其次，发式要整齐、自然，能够显露出整个脸庞。在面试这样的场合，发式应以大方自然为原则。男生的头发前不过眉、侧不过耳、后不过领，头发要整洁，在没有十足把握的情况下，最好不要为了保持发型而往头发上抹过多的定型产品，尤其是带有香味的定型产品。女生的头发要梳洗整齐，不披头散发，长发女生要把头发扎成马尾，刘海也要重点修理，最好能露出眉毛、眼睛和耳朵，千万不能为了显脸小，用头发遮盖大部分脸庞。最后，不要戴过多颜色鲜艳的发夹和头饰。

（二）面部

1．眼睛和眉毛

眼睛是心灵的窗户，要注意眼睛的清洁，及时清除眼角分泌物。清洁时要避开他人，不能当人面擦拭或用手去抠；眉毛是容貌的重要组成部分，定期修剪可以让人整个面部显得平衡、清晰。

2．鼻子和嘴巴

要养成每天洗脸时清洁鼻腔的好习惯，毛发重的男生，如果鼻毛长出鼻孔，应及时修剪。切忌当着他人的面挖鼻孔或擤鼻涕，以免引人反感，又影响个人形象。

要注意口腔卫生，避免口臭。保持早晚刷牙、餐后漱口的习惯。在公共场合咳嗽、打嗝、打哈欠时应尽量避开他人，一旦忍不住的话，要用纸巾或手捂住嘴，并向他人道歉；不要随地吐痰，否则会显得素质很低；要保护嘴唇，防止嘴唇干裂起皮，避免唇边残留分泌物。

（三）颈部

颈部与头部相连，属于面容的自然延伸部分，要经常保持颈部的清洁卫生。很多人会注意脸部的清洁，但常常忽略脖子特别是脖子后面的清洁。耳朵也是容易被忽视的地方，在清洁时也要留意，要定期清理耳垢。

（四）手部和脚部

清洁柔软的双手，在人际交往中能增添对方对你的好感。手部的美化，大多侧重于指甲的美化。要勤剪指甲，不留长指甲，并保持清洁，指甲缝里不可留有污垢。女生在求职过程中选用指甲油时，最好是无色透明或自然肤色的，不宜用太过鲜艳的颜色。

脚部也是容易被忽略的，在正式场合中，男女都应该不露脚趾。如果夏天太热要穿凉鞋，也要选正式的凉鞋并穿上适合的袜子。

（五）皮肤

大学生的皮肤一般来说都比较好，但也要注意护理。女生不要在公共场合化妆和补妆。

男生脸部以清爽整洁为原则，不宜蓄须，要每天剃胡须，胡子浓密的，在有社交活动（面试）前还应当再剃一次。女生可以化妆，但应以淡妆为主，淡到与人的肤色相接近方可。

无论男生女生，对香水的使用也应把握一个“淡”字，让人感觉自然。

二、服饰礼仪

服装、外貌同交谈一样，是招聘者了解应聘者的重要依据。许多单位的负责人也认为，应聘时起决定作用的因素70%源于“第一印象”，即应聘者的精神面貌和衣着打扮。一个人给别人的第一印象，往往成为别人对其做出判断的依据。比如，你见到一个人衣着整洁、彬彬有礼，就会认为这个人做事细心、有条不紊。进而会想，这人一定有责任心，就会产生中意的感觉。倘若最初印象是衣冠不整、吊儿郎当，定会做出此人缺乏责任心的判断。因此，正确着装在求职面试中起着非常重要的作用。

大学生讲究合适的着装，既能表明其对面试的重视和诚意，也是对他人的尊重和礼貌。面试着装的总体要求是整洁雅致、朴素大方，切忌穿着过分鲜艳、花哨、暴露，式样、颜色要正式，以免显得浮躁或轻浮。无论穿什么，都必须充分体现出自信。

（一）男生着装

男生应聘时最好着正装，打领带。

1．西装

男生应在平时就准备好一至两套得体的西装，最好选购整套的两件式的，颜色应以深灰色、藏青色或黑色等深色为主。正式西装中，长裤与上衣应是同样花色及材质，而半正式西装可以搭配不同的长裤，但颜色和材质最好还是与上衣色系相近或略深一些。长裤熨烫笔挺为好，长度以直立状态下裤脚遮盖住鞋跟的四分之三为佳。裤管太长会显得没有精神；裤管太短，坐下时露出小腿，则会显得不雅。西服袖口的商标一定要摘掉。在档次上不用追求名牌西服，这不符合学生的身份。

2．衬衫

以白色或浅蓝色的长袖衬衫为主，这样较好搭配领带和西裤。衬衫应该是硬领的，领子要干净、挺括，短袖衬衫和圆领衫在正式场合不适宜。衬衫袖长以手臂自然下垂时正好盖到手腕为准，袖口应露出西服长袖1～2厘米，衬衫衣领从后面看应比西服衣领略高。衬衫下摆要放入裤腰内。内衣、内裤、衬衣下摆等都不能露出。

3．领带

男生参加面试一定要在衬衣外打领带，领带颜色选择与西装同一色系，切忌夸张鲜艳的色彩和大花图案。领带要打得坚实、端正，领带尖千万不要触到皮带上，尽可能别上领带夹。一般来说，暖色系的领带给人以热情、温暖的感觉，而冷色系的领带可以表现出专业上的权威和冷静。具体如何选择，要考虑当时的场合和自己的特点。

4．皮鞋

以黑色为宜，最好不要穿响底的皮鞋。面试前一天，要擦去污痕，上油刷亮，系牢鞋带。

5．袜子

颜色一般不要比裤子淡，更不要穿白色袜子，可以是藏青色、黑色等深色。袜子不可有破洞，同时要清洁，袜头要松紧适宜，长度不宜太短，原则是坐下时不可露出小腿。

6．饰品

除了手表，男生一律不戴项链、手链、耳环等饰品。

在搭配上，西装、衬衣、领带最好有两样为素色。男性出入正式场合穿西装要坚持“三色”原则，即身上不能超过三种颜色或三种色系（皮鞋、皮带、皮包应为一种颜色或色系）。

（二）女生着装

1．套装（裙）

女生应准备一至两套较为正式的套装（裙），切忌穿太紧、太透和太露的衣服。不要穿超短裙（裤），裙（裤）子的下摆不要高过膝盖。裙装的选择视个人爱好而定，要以大方典雅为宜。不要穿领口过低的衣服；夏季内衣（裤）颜色应与外套协调一致，避免透出颜色和轮廓，给人以轻佻之感，这是求职大忌。

2．皮鞋

女生穿高跟鞋可以凸显气质，但不要穿长而尖的高跟鞋，3～5 厘米的中高跟鞋是最佳选择，既结实又能体现职业女性的尊严。夏季最好不要穿露脚趾的凉鞋，更不宜将脚指甲涂抹成红色或其他颜色。

3．袜子

挑选袜子有个原则：颜色不能比鞋子的颜色深，并且应与鞋子的颜色协调。袜子的长度也要注意，不可使袜口露在外面。裙装穿长袜时，颜色以肉色为佳，不能有脱丝现象。为保险起见，应在包里放一双备用，以便脱丝时及时更换。另外，不论腿有多漂亮，都不应在面试时露着光腿。

4．饰品

面试时不佩戴过多的饰品，一至两件为宜。饰品以简洁大方为主，不戴夸张的饰品，不戴假珍珠或华丽的人造珠宝；一定不要戴脚镯。眼镜会使人外表增色，选择适合自己的镜框，式样宜新为好，千万不可戴太阳镜去面试。

（三）着装禁忌

男女生都不要在面试时穿 T 恤、牛仔裤、运动鞋。男生不要将钱夹、钥匙、手机、零钱等鼓鼓囊囊地放在衣袋裤袋中，显出一副随随便便的样子，这样会不受人事主管欢迎；女生着装要得体大方，一定不要在服饰上给人错误信号，避免无袖、露背、吊带、露脐等性感装束。过于花枝招展、性感暴露的打扮会让人想入非非，惹来不必要的麻烦，甚至性骚扰，对求职本身毫无益处。

三、语言表达礼仪

求职者既要清晰地表达自己的能力、特长、期望以及与岗位的匹配度，又要尽可能地突出自己，让用人单位在了解求职者的同时，下定录用求职者的决心。在此过程中，语言的表达技巧非常关键。毕业生必须对自己的谈吐加以认真地把握，措辞、语音、语气、语速、语调都要倍加重视，务必使自己的谈吐表现得礼貌得体，语音标准，语气诚恳，语言精练等。

（一）言辞礼貌、文雅得体

求职过程中，毕业生措辞要表现礼貌得体。无论是自我介绍，还是答复询问，均需使用必要的谦辞、敬语、雅语。在称呼招聘人员时不应直呼其名，而应称其职务，或以“您”和其他尊称相称。在面试之前，应主动先向面试人员问好，在回答完对方的提问之后，一定要加上一句“谢谢”。

（二）发音准确、音量适宜

说话口齿要清晰，咬字要准确，应使用普通话；谈话时根据现场情况，调整好说话声音的大小，面试中音量应以主考官能听清为宜，不能忽高忽低。喃喃低语是没有自信的表现，嗓门过大又会使人听起来不舒服，且有咄咄逼人之势。用相对沉稳的声音说话，会赢得对方更多的好感与尊重。

（三）语言简洁、表达准确

毕业生在面对面试人员的提问或进行自我介绍时，在内容上要做到言之有物、结构完整，回答提问时不能张冠李戴、答非所问，要注意谈话的连贯性，一定不能出现现场的回答和面试前向用人单位提供的资料不相符的情况。在语言上要做到简明扼要、通俗易懂，能不说的话，就不要说；能少说的话，就不要多说；不该重复的话，一定不要重复。尽量少用“还可以”“大概”“也许”等不确定的词，避免过多使用语气词、口头禅，如“这个”“不过”“那么”“就是说”“嗯哼”“啦”等，谈话中尽量不使用最高级的形容词，如“最好的”“最强的”。说话要留有余地。倘若面试考官限定了自我介绍或回答问题的时间，务必严格遵守，宁肯用不了，也不要超时。在用人单位来看，语言简洁准确，是毕业生的重要能力之一。

（四）语速适中、注意停顿

应聘交谈过程中，要注意掌握和控制语速，语速要平缓稳健。讲话速度太快，会显得紧张和急躁；讲话速度太慢，又会让人感到吞吞吐吐，思维反应迟钝。一般情况下，语速掌握在每分钟 120 个字左右为宜。谈话中要根据内容的重要性、难易度以及对方注意力的变化来调整语速和节奏。语速最好与招聘人员保持一致。

在应聘过程中，还要注意语句间的停顿，不要滔滔不绝让人感觉应接不暇。求职者应保持谈话中的沉默间隔，这不仅能有效掩饰你的紧张，也能为自己争取更多思考的时间，同时还让对方觉得你是一位充满自信的求职者。即使你对这次应聘做了大量准备，对面试官所提出的问题都能迅速回答，也不宜脱口而出，而要稍稍停顿，把握节奏，不要让招聘人员觉得你的回答是在背诵精心准备的答案。

（五）语气平和、语调自如

求职者的语气要平静温和，声音要有亲和力和感染力，千万不要使别人感到你的声音毫无感情。悦耳的声调有助于增进人际关系，缩小你和他人之间的距离。

交谈过程中，语调是相当重要的一方面，语调是表达人的真实情感的重要元素，语调可以表现出压抑或放松、犹豫或坚定、自卑或自信，语调也可以流露出人的喜怒哀乐等复杂感情。适当改变语调，可以使同一句话听起来更动人。同样的句子，用不同的语调处理，可以表达不同的感情，达到不同的效果。富于变化的抑扬顿挫比生硬平板的语调更感人，得体的语调应该是起伏而不夸张，自然而不做作的。

四、行为举止礼仪

求职时，行为举止要得体。得体是要求应试者的举止动作符合身份，适合场合，并能恰如其分地借以传达出个人的意思。在人际交往中，约有 80%的信息是借助于举止这种无声的“第二语言”来传达的。行为举止这种身体语言也传递着大量的信息，如表情、姿态、动作，甚至社交中与对象的空间距离大小也传递了某种信息，从而反映出一个人的内心世界。在求职过程中，举止要自然、大方、文明、优雅。

（一）空间距离

每个人都有自己的空间，人与人之间要保持适当距离。曾有媒体依据关系亲疏的差别将人与人的距离分为三种：在 46 厘米以内为亲密距离，46～122 厘米为社交距离，122～213 厘米为公务距离。应聘时，求职者和主考官必须保持一定的距离（社交距离），留有适当的空间。不适当的距离，会使主考官感到不舒服。

（二）身势动作

1．站姿

站立时保持优美挺拔、精神饱满的外形，要领是头正，颈直，下腭内收，闭嘴，眼睛平视，两肩平直，双臂自然下垂，挺胸收腹，腿直，膝盖相碰，双脚相对或脚尖适度分开（一般不超过肩宽），身体不要抖动。如果是站在椅子边，应尽量站在椅子的左边。站立时手尽量不要插在口袋里，也不能背手，因为在应聘中背手的动作会给人一种狂妄自大的感觉。更不能抖腿耸肩、低头、双手叉腰或抱胸等，或是只靠一只脚站着，人歪肩斜，给人没有站相的感觉。

2．走姿

行走要稳健自如，步子不可迈得太大，双臂的摆动要与脚步相协调，切忌斜着身子或晃着肩膀走，更不能左顾右盼、挺着肚子、仰着脑袋，也不要拖出过重的脚步声。不要走“八”字步，两脚间距离不要太宽，要绕过而不是跨过障碍物。女性的行姿，要在稳重大方中略带矜持，切忌忸怩作态。行走中应该主动让路，帮助别人拿东西或开门。步速不要太快或太慢，尽量与别人保持一致。当与招聘人员同行时，不要超前，保持平行或略靠后，以显示你的礼貌。

3．坐姿

求职者应有良好的坐姿，坐椅子最好坐满三分之二，挺胸抬头，双眼平视，身体略向前倾，表示对面试官的尊重和对面试官说话感兴趣。坐时应保持上身的正直，不可瘫坐、靠坐、歪坐。就座后将双手自然放在双腿之上。男生两脚平行稍稍分开，女士双膝并拢向一边倒，穿裙子的女生在入座前应自然地用手将裙子合拢一下，就座后上身略向前倾，双腿自然并拢，双脚自然后收，脚前掌着地。忌跷二郎腿并不停抖动，双脚伸出、张得太开，两臂交叉在胸前，或把手放在邻座椅背上，以免给面试官轻浮傲慢、没有修养的印象。

4．手势

在应聘过程中，适当使用手势具有加强语言表达和生动形象的效果。但是，手势重复、手势幅度过大不但会分散人的注意力，也会让人产生厌烦心理。所以，需要适度配合表达。有些手势，如用食指或小拇指指人、竖中指等，是不礼貌的举止，要禁用。在应聘的时候，将两只手拧在一起，说明你很焦虑；双手抱胸或拿着文件夹之类的放在胸前，则是一种高度防卫的姿态，寓有藐视、自卫、抗拒、封闭之意，给人以不信任感和对立感。在应聘中，毕业生也不能太过放松，说到兴奋处手舞足蹈、眉飞色舞，这也不可取。不要有太多小动作，尤其是平常就有的一些没意义的手势语，比如摸后脑勺、搓手、敲头、抱手、插兜、叉腰、耸肩、手摸头发等等，这些都是不成熟的表现，也反映了你对这次应聘的不适应与紧张。因此，要改掉这些习惯，平时多加注意和训练，使手势的运用能给你的应聘加分。

5．握手

握手是应聘中最重要的身体语言之一。手与手的礼貌接触是建立第一印象的良好开端，求职者在应聘开始和结束时一定要善于运用握手这一重要的身体语言方式。握手要坚定，不要只是手指握手指，而应是整个手掌接触，要向对方传递出力量、自信、真诚和友情，通过握手让别人了解你是怎样的一个人。握手的正确姿势是伸手时身体前倾，握手要坚定有力，但不可过分用力。握手时要保证自己的整个手臂呈“L”形（90°），有力地摇两下，然后把手自然放下。双眼要看对方的眼睛且面带微笑，自信地介绍自己，这是双方身体与心灵交流的一次机会。即使你是女士，也要表示出坚定的态度，要在主考官的手朝你伸过来之后马上握住它。握手持续的时间一般在三秒钟以内，应聘时握手的时间应比平时长一点，以表达你的热情和坚定，很快撒手会让主考官觉得你只是在应付，显示你的胆怯和对别人的不尊重。握手用力过大或是时间太长又显得你过于紧张，会让对方感到恐惧或是不舒服。松开手之前要说“见到您很高兴，谢谢您给我这次机会”等礼貌用语。注意不要用左手、忌戴手套、忌戴墨镜、忌只握指尖、忌另一只手乱放。

何时需要握手：当与人道别时；当遇见认识的人时；当某人到你办公室及离开时；当在餐厅遇见熟人时；当商业或者社交场合有人为你做介绍以及分别时；当向某人道贺时；当安慰他人，表示同情、慰问时。

不适合握手的场合：当对方职位比你高出很多，而你又没有什么必要的话要对他说，在这种情况下，如果上前与之握手并介绍自己，便显得别有用心了；当双手占用时；当与主人道别，而主人在与很多人同时谈话时，如果硬闯入握手道别，会显得粗俗无礼。

掌握握手技巧可以创造出彼此平等、信任的氛围，你的自信也会使人感到你能够胜任而且愿意做任何工作。

（三）面部表情

面部表情指眼睛、眉毛、嘴巴、面部肌肉及其综合运动所反映的心理活动和情感信息，是非常重要的无声语言。最重要和最常见的面部表情是目光和微笑。

1. 目光

目光是用眼神来表达情感、传递信息、参与交流的表情。在面试时应聘者应敢于与面试官“正视”，以示尊重和礼貌。应聘者的目光，应当平稳地看着考官，正视的部位最好是考官的双眼和口鼻处交替进行，切勿眼神飘移、上下打量。谈话时注意力要集中，视线接触对方面部的时间，应占全部谈话时间的60%以上。尤其在对方讲话时，左顾右盼和心不在焉，是对人不尊重和心虚的表现。

眼神要随时保持与考官交流。一方面是要通过眼神了解面试考官，从对方眼神中获得理解、信任，把握考官的个性；另一方面是应试者传达自己的愿望、真诚和自信，使面试考官从眼神中了解应试者。

当面试考官为多人时，考生需要用环顾的方法，照顾到“全视野”内的考官，以使每位考官都感受到你在同他说话，满足他们要求注意和尊重的心理，并提高他们对你的兴趣。如果某位考官突然用目光注视你，那么就应该主动与其保持接触，做出期待与其交流的样子，以促进考生与考官之间的融洽。

2．微笑

微笑可以通过面部的笑容传递和善、友好的信息，是最具有吸引力和魅力的面部表情。求职面试时要面带微笑、亲切和蔼、谦虚虔诚、有问必答。面带微笑会增进与面试官的沟通，百分之百地提高你的外部形象，改善你与面试官的关系。微笑时一般与其他面部表情相结合，共同表达深刻的内涵，以姿助笑，以笑促姿，给人以愉悦和温暖的感觉。

微笑与眼睛结合。当面部微笑的时候，眼睛也跟着一起“微笑”，眼睛微眯，令微笑更传神、更亲切。微笑要诚恳，做到“诚于中而形于外”。微笑与语言相结合。微笑着说“您好”“是啊”“我可以”等礼貌用语，会让求职者更显亲和。即使是向对方道歉，微笑着说“对不起”，对方也能从你的微笑中感受到真诚。

五、其他应该掌握的求职礼仪

（一）见面礼仪

面试一定要准时守约，迟到和违约都是不尊重面试官的表现，也是不礼貌的行为。如果你有客观原因需改期面试或不能如约按时到场，应事先打个电话通知面试官，以免对方久等。如果已经迟到，不妨主动陈述原因，这是必备的礼仪。面试时，求职者最好提前 15 分钟到达面试地点，以表示求职者的诚意，给对方信任感。

（二）等待面试时的礼仪

到达面试地点后，应听从工作人员的指引，在等候室耐心等候，并保持安静及正确的坐姿。对面试人员及服务人员都应礼貌对待，这是个人的修养，要有礼有节。不要与其他面试者聊天，更要坚决制止的是，在接待室恰巧遇到朋友或熟人，就旁若无人地大声说话或嬉笑。

（三）面试时的礼仪

面试的每一个环节都要注意礼节。

1．提前关掉手机

应试者在进入面试室前，应先关掉手机。虽然当着面试官的面关机更能显示出诚恳的态度，但是不少人由于过分紧张，难免会忘记。

2．入室敲门

进入面试室时，一般应先轻轻敲门，敲门以两次（每次三声）为宜，不可太用劲。进门后转过身正对着门，双手轻轻关门。然后微笑致意或鞠躬致礼，走近面试官主动问好。如果面试官没有示意让你入座，不要急于坐下；请你入座时，要说一句“谢谢”。

3．双手递物、接物

在面试中遇到递物或接物的情况，应当用双手递物、接物，从表现出恭敬和尊重的态度。递物时要注意，文件、资料等要正面顺对接物方，如果是尖利的物品，要将尖头朝着自己，而不能指向对方。接物时不能漫不经心，尤其是接受被退回的自荐书等求职材料时，不管是否被录用，都应在双手接物的同时，点头示意或道声“谢谢”。

4．起身致谢

当对方宣布面试结束时，应当起身道谢，不要再说话或提问题，及时退场，出门时再次致谢，并将门轻轻关上。

（四）告别礼仪

面试时，要特别注意对方想结束面谈的暗示，适时礼貌告辞。即使面试失败，也要面带微笑地向面试官致谢。面试时不可频频看表，当然也不要主动提出告辞。当面试官示意面试结束时，最好与之配合结束面试，任何拖延时间的意图与举动都是不明智的。

面试结束时，考生应保持微笑，自然站起，向对方致谢。不要主动与面试官握手，除非面试官主动伸手。

整理好自己的物品，千万不要丢三落四。走到门前，转身正面朝向面试官再次表示感谢，之后开门退出，并轻轻带上门。

离开前，记得对引导、接待的工作人员表示感谢。这除了表示对他们工作的尊重，也显示出了你的良好的个人素养，会给人留下好的印象。如果最终被录用，这些人都将成为自己的领导或者同事，良好的礼貌能为将来的工作提供一个好的开端。

（五）面试结束后必备的礼仪

1．致谢

面试结束后并不意味着求职过程的结束。为了加深招聘人员对你的印象，增大求职成功的可能性，对想抓住每个工作机会的人来说，面试后的两三天内，最好给面试官打个电话或写封信表示感谢。

（1）打电话致谢

求职者可以在面试后的一两天内，给某个具体负责人打电话表示感谢，感谢他为你提供各种信息及为你所花费的时间和精力。电话感谢要简短，最好不要超过 3 分钟，电话里不要主动询问面试结果。因为这个电话仅仅是为了表示你的礼貌和让对方加深对你的印象而已。

（2）写面试感谢信

招聘人员对求职人的记忆是短暂的。感谢信能使你显得与其他求职者有所不同。面试感谢信包括电子邮件和书面感谢信。如果平时是通过电子邮件的途径和公司联系的话，那么在面试结束后，发一封电子感谢信，是既方便又得体的方式。但大多数情况下建议写书面感谢信，特别是在面试公司非常传统的情况下，更应如此。感谢信内容要求简洁，最好不要超过一页纸。

2．询问结果

面试结束之后的两星期左右，如果还没有得到任何回信，就给负责招聘的人打个电话，询问一下面试结果。这个电话可以表示出你对应聘职位的兴趣和热情，还可以从他的口气中听出你是否有希望得到那份工作。如果在打听情况时觉察出自己有希望中选，但最后决定尚未做出，那过段时间后最好再打一次电话询问。

每次打完电话之后，你还应该给对方寄封信。内容应该包括：一是重申你的优点；二是你对应聘职位仍然十分感兴趣；三是你能为公司的发展做出具体的贡献；四是你希望早日听到公司的回信。哪怕他们已经暗示你已经落选了，寄一封短信说明你即使没有成功但也很高兴有面试的机会。这样做不仅仅是出于礼貌，还能使对方在其公司出现另一职位空缺时心里想着你，从而给自己创造出一个潜在的求职机会。

需要说明的是，打电话询问面试结果，最多打三次电话询问就可以了。因为即使再研究，经过前后三个电话询问的周期，再复杂的研究程序也早该最后确定了，而且三次电话询问，也会对你有足够的印象。如果想聘用你，就会直接告诉你或及时与你联系。再多的话，反而会适得其反，甚至会给人以“骚扰”“无聊”的感觉。感谢信也如此。

思考与练习

1. 求职过程中在行为举止方面有哪些礼仪？
2. 面试结束后有哪些必备的礼仪？
3. 分组扮演招聘者和求职者，进行面试模拟训练。

第七章　创新创业准备

思政目标

- 理解创新对国家发展的意义，努力提高自身的创新创业能力
- 树立正确的世界观、人生观和价值观，具备创新精神和创业能力

学习目标

- 了解创新、创业的内涵、特点及意义
- 明晰创新思维的内涵、特点以及影响创新思维的因素

第一节　创新与创业

案例导入

2018 年，年仅 21 岁的陈凤娟从山东师范大学毕业。大学毕业之后，很多大学生或许都想找一个稳定的工作干上一辈子。但陈凤娟不同，她是一个坐不住，也是一个不喜欢被管着、被束缚的人。所以，她仅在济南干了数月朝九晚五的工作，就辞职回到从小长大的地方——烟台。

到烟台之后，她在烟台职业学院附近租下一家店面做起奶茶生意，学生是她最大的顾客源。可奶茶销售最好的季节是学生离校的暑假，在开了不到一年的奶茶店后，陈凤娟认为这不是合适的创业点。

一个偶然的机会，陈凤娟想到自己曾帮姐姐做过粮油生意，积累过一些经验，是不是可以朝粮油生意发展呢？当即她便对粮油市场进行了全面调研分析，认为做粮油生意可行，虽然需要的成本高，但是粮食是刚需，不用担心卖不出去。于是，她筹措了十多万元资金，在 2019 年末开了一家粮油店。

做生意是个脑力活，而做粮油生意不仅是脑力活还是体力活。尽管陈凤娟的体格偏瘦，但对于她来说，搬五十斤一袋的面粉却是一件很轻松的事情。有些时候，遇到年老或体力不行的顾客，陈凤娟还会帮忙把面粉搬上车。如今，陈凤娟的粮油生意越做越大，不仅仅局限于日常的零售，她还进一步开拓市场，做起了批发生意，主要将货物提供给全市的粮油店、学校、食堂等场所，粮油生意年营业额已达数百万元。

启示

上述案例表明，陈风娟做粮油生意成功的主要原因有：（1）帮姐姐做过粮油生意，积累了经验，对粮油生意有一定的了解；（2）对粮油市场做了全面调研，掌握了用户需求、当前粮油市场基本情况以及竞争对手的经营状况，有利于制定良好的市场经营策略；（3）在经营粮油生意过程中，始终秉持顾客至上的经营理念，且具有吃苦耐劳、热爱学习的精神，这些都是成功创业者必备的素质。

一、创新与创业

（一）什么是创新

1. 创新的词源分析

无论是在中国，还是西方，“创新”一词由来已久。在我国三国时期，张揖在《广雅》中写道：“创，始也。”新，与旧相对。《魏书》当中的“革弊创新”，是我国最早论及“创新”一词的书籍，但这里主要是指政治制度方面的改革，并不包括科技、文化、社会等方面的创新举措。在《现代汉语词典》中将“创新”定义为“抛弃旧的，创造新的”，指在原有事物的基础之上，通过否定、重构等方式，创造出不同于原有事物，但又具有一定联系的新事物。

在西方，“创新（innovation）”一词起源于拉丁语中的“innovare”，有三层含义：一是更新，即对原有事物进行更换；二是创造，指创造出原来没有的新事物；三是改变，即对原有事物进行发展和改造。

在经济学领域，“创新”的概念最早出现在美籍经济学家约瑟夫·熊彼特（Joseph A. Schumpetes）1912 年出版的《经济发展概论》一书中。他在该书中提出：“创新是指把一种新的生产要素引入生产体系并重新组合的过程，其具体包括以下五个内涵：（1）引入一种新产品，这种新产品往往是目前市面上没有广泛出售，消费者也并不熟知的；（2）引进一种新的生产方式，该生产方式是在这一企业中从来没有采用过的；（3）开辟一个新的市场，即该企业从未进入过的市场；（4）从一种新的供应来源获得原材料或半成品，这一新的供应来源可能是早就已经存在，企业最新开辟的，也有可能是以前不存在，最新发展出来的；（5）实行一种新的组织形式，包括调整企业的管理制度、组织机构以及各部门的职责和权力等。”熊彼特的“创新”概念既包括企业的技术创新，也包括企业的组织、制度等非技术创新。由此可见，熊彼特认为企业得以发展的关键因素在于创新。

随着社会的不断变革，“创新”的内涵不断扩展，不仅包括经济领域，还包括政治、文化、社会、科技等各个领域。

2. 创新的特点

“创新”，顾名思义，创造新的事物。它不同于简单的模仿，亦不同于某种程度的翻新和改变，它具有自己独有的特点，包括以下五个方面：

（1）目的性

人类的任何活动都具有目的性，没有目的的活动是无意义、无价值的，创新也不例外。社会上各个领域的创新活动，都必须基于一定的目的，并且该目的贯穿创新活动的全过程。创新活动的目的性主要体现在以下几个方面：

一是要明确目的。创新活动参与者必须首先确立创新目的，这是进行创新活动的第一步，也是最重要的一步。它对整个创新活动具有指引性作用。

二是要有目的意识。要实现某一领域的创新，其创新内容不是创新活动参与者凭空想象出来的，而应该是围绕创新目的进行筛选的。

（2）变革性

创新是一种对旧事物进行改变和革新，创造出新事物的过程，这是一种深刻的变革过程。要实现变革型创新，参与者必须完全打破固定的思维模式，走出惯性思维的怪圈，形成新的思维方式。唯有如此，才能够改变看待问题的方式，从新的角度找到事物发展的转折点，从而实现真正意义上的创新。

（3）新颖性

创新是一个“扬弃”的过程，是革除现有事物中不合理、不符合时代发展要求的内容，形成新事物的过程。因此，新颖性是创新的主要特征之一。新颖性包括绝对新颖性和相对新颖性。绝对新颖性是指这个新事物是以前人类社会不曾存在的，例如爱迪生发明电灯，是属于绝对新颖的创新成果。而相对新颖性的事物并不一定是创新的事物，或许是由于从来没有接触过，才会觉得新奇，例如“镭”元素早就存在于人类世界中，居里夫人在1910年提炼出了纯镭，并由此获得了诺贝尔奖。

（4）前瞻性

“创新”一词重在“新”，其灵魂也在于求新求异。除此之外，还必须具有前瞻性，这样才会对社会产生最大效益。但这种前瞻性不是毫无根据的猜测，而是从具体的实际情况出发，对经济、社会等的发展做出预测、改变和提升。“凡事预则立，不预则废。”具有前瞻性的创造者，一定要具有大局意识，必须提前计划，布局好整个过程。

（5）价值性

创新的目的在于为企业创造最大的经济价值。没有创新力的企业，其产品无法更新换代，产品价值无法得到提升，不能满足日益增长的市场需求，故而，企业难以在激烈的市场竞争中占有一席之地。由此可见，创新是一种有价值的活动，引领着企业向前发展，也助推着经济、社会、文化、科技等领域稳步前行。

3. 创新的意义

创新是一个民族的灵魂，是一个国家兴旺发达的不竭动力，也是中华民族最深沉的民族禀赋。正所谓“苟日新，日日新，又日新”。在影响国家发展、社会前进、民族进步的各种因素中，毋庸置疑，创新是最关键的因素。

（1）创新有利于社会生产力的发展

1785年，英国人瓦特（James Watt）改良了蒸汽机，标志着第一次工业革命的开始，同时开启了机器生产代替手工生产的蒸汽时代；19世纪六七十年代，内燃机的发明，电灯、电话等各种电器的广泛使用，标志着人类开始进入“电气时代”；“二战”后，航天技术、电子计算机技术、生物工程技术等新领域的技术革命，意味着人类已经开始了第三次科技革命；如今，我们正处于以人工智能为代表的第四次科技革命迅猛发展的时期。从“蒸汽时代”到“电气时代”，再从“信息化时代”到如今的“人工智能”时代，创新是根本的推动力量。每一次工业革命，都是科学技术的全新变革时期，意味着科学技术的创新与发展，促使社会生产力发生根本性的变化，进而调整整个社会的经济结构以及人类的生活方式等。

（2）创新有利于文化的更新和发展

在纪念中国共产党成立95周年大会上，习近平总书记明确提出要坚持“四个自信”，即要坚持中国特色社会主义道路自信、理论自信、制度自信、文化自信。其中，文化自信是基础，是道路自信、理论自信和制度自信的根本性体现。文化自信是一个民族、一个国家得以永续发展的关键力量。历史充分证明，抛弃民族传统文化的国家，是走不远的，终将在历史的潮流中被淹没；而固守传统文化，不懂创新、不敢创新的国家，也终将远远落后于其他国家的发展。可见，文化唯有在坚持传统的基础上，革故鼎新，秉持取其精华、去其糟粕的理念，才能够创造出符合历史潮流、时代发展的新文化，才能够焕发出强大的生机和活力。例如，2021年由北京市中医管理局主办的中国国际服务贸易交易会中医药主题活动，将现代科技与传统中医药有机结合，向参观者展示了中药配方颗粒智慧药房、中医体质测评、经络调理机器人等中医科技产品，大受群众欢迎，不仅让群众进一步感受了中医药的独特魅力，也更有利于中医药的传承与发展。

（3）创新有利于社会制度的变革

任何社会制度都不是一成不变的，都是处在不断的发展变化过程之中的。经济基础决定上层建筑，社会生产方式的变革，必然会导致社会制度等顶层设计发生相应变化，以适应整个社会的发展需要。自给自足的小农经济决定了我国封建主义制度建立并延续了数千年。20世纪70年代末期改革开放之后，中国积极进行经济改革，逐渐形成了中国特色社会主义经济体系，这也推动了中国特色社会主义制度的建立。

（二）什么是创业

1. 创业的内涵

在我国，“创业”一词最早可以追溯至战国时期的《孟子·梁惠王下》，该书中写道：

“君子创业垂统，可为继也。”此处的“创业”是指创立功业。

在西方，Knight 在 1921 年对“创业”一词提出了自己的见解，即创业是人类具有的能够成功预测未来社会发展趋势的能力。可见，某种程度上来说，中西方对“创业”一词的认识存在差异。

如今，学者们对创业的相关研究愈来愈多。总结梳理这些研究成果后发现，绝大部分学者是从以下几个角度对“创业”进行定义的。

从心理学视角来看，创业者往往具有一定的风险承担能力、强烈的竞争意识、敏锐的洞察能力以及自我管理能力等。创业者之所以选择创业，除了受自身具备的优势条件影响外，还受到外在的奖励刺激、原生家庭带来的经济安全、心理安全等因素影响。

从管理学视角来看，创业不单单是创业领导者个人能力的体现，更是一个企业通过整合资源、合理分配、有效组织的系统性工作，创造出更大财富的活动。

从经济学视角来看，创业是一个不断发现、寻找、获得机会，继而牢牢把握并充分利用该机会创造出新产品，从而实现盈利的过程。创业的实质是了解市场规律，把握社会发展趋势，有效预测将来社会需求，从而建立新的组织，生产出新产品，提前抢占市场的过程。

创业的内涵分为广义和狭义两种。狭义的创业是指创业者利用自身具备的能力、掌握的资源和机会等，以有效的方式将其进行转化，从而创造出更大经济价值的过程。广义的创业则是指在某种程度上具有开创意义和经济价值的创造性活动。

2．创业者应具备的素质

创业是一个从无到有，通过利用自己的各种资源创立一个新的组织的活动。这是一个充满挑战性、不确定性的社会实践活动，因此，要想创业成功，创业者必须同时具备专业知识能力、创新能力、风险承受能力、管理能力、学习能力等多种素质。

（1）专业知识能力

专业知识能力包括专业知识与专业能力两个方面。专业知识是指创业者必须掌握的领域知识，也是其从事创业活动的必备条件。例如，互联网企业的创业者必须掌握软件开发、网页设计等相关的计算机知识；电商企业的创业者必须具备网络营销、物流管理等专业知识。

但是具备丰富的专业知识并不意味着具有较高的专业能力，只有专业知识能够有效运用于具体实践当中，其专业能力才能够提高。而创业是一个理论与实践相结合的活动。所以，一般而言，专业能力较强的创业者往往更容易挖掘潜在的创业机遇。反之，专业能力相对较弱的创业者则较难发现合适的创业机会。

（2）创新能力

创新作为企业的无形资产，是保证企业在激烈的市场竞争中得以立足的根本所在。

当今社会是一个飞速发展的时代，唯有不囿于现状，敢于质疑，敢于突破，敢于创新，企业方能生存，成为行业的领军者。而企业创新的主体在于人才，在于企业员工是否具有创新能力。创新能力是个体搜集一切有利信息，利用已有知识经验，将这些信息进行改组，以产生具有经济价值、社会效益产品的能力。例如，华为手机之所以能够成为全球知名的手机品牌，其主要原因在于华为公司聚集了大量具有创新能力的人才，他们利用自己的创新能力不断更新、升级手机产品，提高用户的产品体验。

（3）风险承受能力

创业的过程是充满荆棘、充满挑战的。如果你选择了创业，就意味着你选择了风险。有些创业者在创业之初，或许只看到创业成功能带来更高的经济收入和社会地位，却忽视了创业中会遇到各种危机，过于理想化，结果可想而知，遇到一点困难，就无法有效解决，创业之路也戛然而止。因此，要想创业成功，创业者一定要具备强大的风险预估和承担能力，有效评估各种创业风险，制定风险应对策略，能够化风险为机遇，在困境中重生，赢得发展优势地位。

（4）管理能力

成功的创业者通常也是优秀的管理者。作为一个管理者，他需要全面统筹规划整个企业的人员安排、资源配置、财务状况、发展前景等。此外，企业要获取最大的经济效益，不仅要依赖产品的创新与质量，还要靠科学的现代化管理方法来提高效益。有些企业由于管理者（创业者）管理理念落后，坚持采用传统的管理方法，导致出现管理不善、企业破产的结果。因此，要想企业有效运作，管理者（创业者）必须充分调动企业的所有资源，尤其是人力资源，要善于用人，敢于用人，充分调动员工的工作积极性，增强企业员工的凝聚力和战斗力。

（5）学习能力

知识经济背景下，技术更新速度加快，要想跟上社会发展的步伐，必须时刻保持学习的状态，坚持学习新知识、新技能，不断扩充自己的知识面，提升自己的管理能力和专业水平，从而更好地为企业的长足发展搭建新的发展框架。一方面，作为创业者，必须努力学习国家各项经济政策和要求，紧跟国家经济发展方向，同时要时刻关注国际国内市场环境变化，把握市场发展规律；另一方面，创业者要在立足本企业实际情况的基础之上，积极学习并引进知名企业的管理理念，创新企业管理模式，完善企业员工管理方法，优化企业管理效率。

（三）创新与创业之间的关系

今天，人类已进入信息化时代，科学技术日新月异，知识迭代周期愈来愈短，这使得创新与创业成为推动社会发展的重要途径。虽然创新与创业内涵不同，但两者之间具有紧密联系。

1．创业的基础在于创新

创业的基本要素包括创业者、启动资金、机遇、创业团队、技术、创新能力等，其中创新能力是最重要的要素。要想创业成功，创业者必须具备创新意识和创新思维，能够想他人不曾想的，突破思维瓶颈，利用新的生产方式，创造出新的产品，以满足人们新的消费需求，最终实现创业成功。此外，创业是一种具有创新性的社会实践活动。创业者必须充分发挥自己的主观能动性，而这也正是创业者创新思维的体现。

2．创新的目的在于创业

任何社会活动都具有目的性。创新作为一种社会变革活动，其主要目的之一就是创业者抓住机遇，将所拥有的资金、技术、知识等转化为企业生产力，从而创造出新产品，实现企业增值。

3．创业推动创新的深化

创业就是创造出新的产品，不断提供新的消费需求，获取用户消费体验与反馈，从而促使企业实现产品的再更新，推动企业的转型升级。

总而言之，创新与创业之间相辅相成，相互促进。创新是创业的过程和基础，创业是创新的结果，创业必然伴随着创新。

二、“互联网+”背景下的大学生创新创业

2014 年 9 月，在天津举办的第八届夏季达沃斯论坛上，李克强总理首次在公开场合发出“大众创业、万众创新”的号召，由此我国掀起了一股创新创业的热潮。之后，李克强总理多次强调大学生是我国创新创业的重要主体，必须加大对大学生创新创业的支持力度，以创业带动就业，以此激发大学生创新创业的强大潜能，推动经济发展方式的转型与升级。

2015 年两会期间，李克强总理首次在国务院政府工作报告中提出“互联网+”这一概念。“互联网+”是指随着人类进入信息时代，我国要充分利用互联网这一平台优势，改变制造业、农业等传统行业的发展模式，以此推动我国经济健康有序发展。

2016 年，李克强总理在做政府工作报告时提出要发挥大众创业、万众创新和“互联网+”集众智汇众力的乘数效应，打造众创、众包、众扶、众筹平台，建设一批“双创”示范基地。而大学生作为我国有生机、有活力的群体，要积极引导和支持他们参与到“互联网+”创新创业的发展潮流之中。

（一）“互联网+”背景下大学生创新创业的意义

1．有助于解决大学生就业问题

就业问题是必须重视的首要民生问题。根据教育部初步统计数据显示，2022 年高校

毕业生将达到 1076 万人，首次突破千万，再创历史新高。尤其是新冠肺炎疫情形势之下，就业难问题愈加突出。目前我国就业难问题主要体现在结构性矛盾之上，即学生的素质、能力不符合就业市场的需求，无法胜任岗位工作，导致出现学生找不到合适的工作、招聘单位招不到优秀人才的奇怪现象。而在“互联网+”时代，学生需要掌握更多的信息技术知识，具有更强的创新能力，通过创业不仅可以解决学生自身的就业问题，还可以为社会创造就业岗位，在一定程度上可缓解就业难的问题。

2．有利于实现我国经济更高质量的发展

大众创业是促进我国大学生就业的重要途径，而万众创新则是推动我国传统行业与互联网信息技术有效融合，实现经济转型升级的关键动力。清华长三角研究院产业互联网研究中心发布的《2021 产业互联网白皮书》指出，数字技术加速了医疗、教育、制造业等传统行业的发展，利用线上办公、在线课堂等新形式将传统行业领域的线下优势转移到线上，实现了经济的全面健康发展。大学生是推动我国经济发展的重要生力军，也是“互联网+”创新创业的主要参与主体。因此，大学生充分抓住信息技术时代的发展机遇，参与到创新创业中，将为我国经济发展创造新的增长点。

3．有助于大学生全面发展

首先，不同于以往传统行业的经营与发展模式，“互联网+”时代大学生创新创业必须依赖互联网信息技术，否则难以获得创业成功。这就要求大学生创业者不仅要掌握创业产品相关专业知识，还要了解计算机技术以及网络销售与运营技术。同时，“互联网+”时代是一个信息技术快速更新的时代，学生必须时刻保持学习的热情，与时俱进，这也有利于拓宽学生的知识面，提升学生的知识素养。其次，创新创业是富有创造性的实践活动，通过这一活动，有助于激发学生的活力与创新潜能，促进学生思维方式的转变，不断提高学生的动手实践能力和综合素质。

（二）“互联网+”背景下大学生创新创业存在的问题

1．相关政策融合执行不到位

第一，自 2014 年以来，政府陆续出台文件鼓励、支持大学生创新创业，但负责大学生教学教育、创新创业教育等部门并不相同，导致各项政策之间难以统一协调，无法形成切实有效的创业支持体系。或者上级部门颁布了政策之后，地方政府部门在执行过程中，由于理解不到位或没有结合当地具体情况执行，导致政策没有真正惠及大学生创业群体。第二，大学生不了解政府的创业优惠政策，政府对政策的宣传力度有待加强。目前，许多大学生并不知道政府会给予大学生创业资金支持，即便部分大学生知道，也并不了解该如何申请该笔创业资金。

2．高校创新创业教育有待加强

由于我国创新创业教育起步晚，尽管近年来各高校在课程设置、机构设置、创新创业实践基地等方面投入了大量资源，旨在积极推动创新创业教育深入发展，但是在思想观念、师资力量以及人才培养体系等方面仍然存在不足。有些高校管理者对创新创业教育的认识存在偏差，认为大学教育的主流应该是学习专业知识，创新创业教育课程只是选修课程，不应占据学生太多时间。在师资力量方面，大部分担任创新创业课程的老师都是辅导员，或者兼职教师，实际上他们对创新创业教育并不了解，教学也停留于书本上的文字，缺乏对学生创业策略和创业时机的有效指导。

3．校企合作渠道有待于进一步拓宽

创新创业是理论与实践结合的活动，不仅要注重学生创新创业理论知识的掌握，更要注重培养学生将理论运用于实践的能力，需要学生在实践中积累经验。但目前企业与高校合作的积极性并不高，主要原因在于：一是企业和高校的定位、功能不同，企业的根本目标是在短时间内最大限度地获取利润，而高校培养人才是一个长期性的工作，短期内很难看到回报；二是政府支持力度不够，虽然政府为加强校企合作颁布了一系列文件，提出给予企业一定的优惠与补贴，但具体的政策并没有落实到位，其发挥的力量十分有限。

（三）“互联网+”背景下大学生创新创业的建议

我国正处于互联网信息技术迅猛发展时期，大量新兴产业应运而生，同时也创造了大量的创业机会，掀起了新一轮的创新创业热潮。然而，大学生作为创新创业的新生力量，在创业过程中仍然遇到不少挑战，需要政府、学校和社会多方力量合作，共同为大学生营造良好的创业环境。

1．加强各项政策的针对性和可操作性

政府可以基于大学生这一特殊群体的特点和在不同创业阶段的需求，制定和出台专门的大学生创新创业政策，从法律层面切实规范和保障大学生创新创业活动，为大学生创新创业开辟“绿色通道”。各级地方政府以及各高校在执行上级政策时，可以根据本地、本校实际情况，制定切实可行的实施细则，以提高政策执行率。同时，在制定和执行政策时，教育、人社、财政等部门要密切合作，强化责任意识。

2．完善创新创业教育体系建设

各高校应从思想上、行动上重视大学生创新创业教育，做到全面覆盖所有学生。同时，学校要打造完整的创新创业教师培养体系，全面提高师资水平，从而为学生创新创业提供强有力的师资保障。学校可以采用线上和线下相结合的方式，全面开发和利用网络教育资源，实现常态化的混合式创新创业教育模式。同时，创新创业教育要充分结合学生专业，做到专业教学与创新创业教育深度融合。此外，创新创业实践是提高学生实践能力和创新能力的关键举措，应该贯穿大学教育全过程。因此，各高校应在政府的主导之下，加强与企业合作，吸纳社会力量支持高校创新创业教育，做到产教融合，构建“政府主导、学校主体、企业参与”的合作发展模式，全力推动高校创新创业教育系统化、专业化，从而服务于地方经济发展与建设。

思考与练习

结合所学内容，搜集2～3个成功创业者的案例，分析他们成功的原因，并找出他们身上都具备哪些相同的特质。

第二节　创新思维方法

案例导入

高斯是德国伟大的数学家，近代数学的奠基者之一。高斯在很小的时候，就总是喜欢思考各种问题。

在高斯上小学时，有一次，数学老师想治一治班上一些不听话的学生，于是出了一道数学难题，让学生计算出1+2+3+4+5……一直加到100等于多少。老师心想，这道题目，他们肯定做不出来，即便做出来了，也够他们算半天的，这样他们就不会在课堂上一直讲话、捣乱了。可出乎意料的是，没过多久，小高斯就高高地举起了手，说他算完了。老师半信半疑，走到高斯跟前一看，5050，还真是正确答案。老师感到十分惊讶，便问小高斯是如何计算出来的。

小高斯说，他并没有从1开始加起一直加到100，而是先把第一个1和最后一个100相加，得到101，再把第二个2和倒数第二个99相加，也得101，最后50和51相加，也得101，这里面总共有50个101，最后算出结果就是5050了。老师听了，微笑地点了点头，并表扬了小高斯。

启示

从这个故事不难发现，小高斯在解答这道数学难题的过程中，并没有受固定思维方式所限制，简单地从1加到100，而是改变自己的思维模式，从一个全新的角度思考这道难题，最后很快算出了正确答案。同样，创业的过程是一个从无到有的过程，创业者必须具备新颖的思维，能够挖掘创业机会，突破创业瓶颈，这样才有可能获得成功。

一、创新思维概述

1．思维

（1）思维的概念

在《词源》中，“思维”解释为“思考、思索”。在西方，通常将“思维”译作“thinking”，同汉语意思相近。思维是人类独有的高级心理活动，是人类与动物的根本区别所在，人类可以利用思维对自己的心理活动和行为进行调节与控制。人类思维具有两个基本特征：一是间接性，即思维能够对不在眼前的事物，通过借助于知识经验或某种媒介来认识该事物；二是概括性，也就是说，人类利用自己的思维从众多事物中发现它们的共同属性。借助于思维的两大特征，人类可以更为全面地认识到事物的本质属性和规律以及发现不同事物间的联系。

（2）思维的类型

根据思维的凭借物和解决问题的方式，可以把思维分为直观动作思维、具体形象思维和抽象逻辑思维。直观动作思维是指思维过程要通过具体的动作来给予支持，换句话说，思维要依赖操作物体这一动作，一旦动作停止，思维也就随之停止。一般而言，3岁之前的幼儿是这种思维形式。例如，3 岁以前的幼儿在搭积木的过程中，会一边搭积木一边思考下一步该把积木放在哪一个位置。具体形象思维是指依赖呈现在眼前的具体事物的形象或头脑中已有的关于该事物的表象进行的思维方式。抽象逻辑思维是指利用概念、推理等形式进行的思维。例如，当提问成人“1+2=？”时，成人可以马上回答出来，因为成人具有抽象逻辑思维，已经理解了“1”和“2”所代表的抽象含义，但幼儿是以具体形象思维为主，他们必须借助具体的事物“1 根香蕉加上 2 根香蕉”，才能够得出正确答案。

从思维的指向性划分，思维分为聚合思维和发散思维。聚合思维是指遇到问题时，总是往一个方向思考解决办法，从而得出一个最有效的解决方案。反之，发散思维是从多个角度思考问题，得出解决问题的多种方案。发散思维具有流畅性、灵活性和独特性特点。流畅性是指针对提出的问题情境，在有限的时间内尽可能多地想到解决问题的办法。想到的办法越多，说明其思维的流畅性越高。所谓灵活性，是指抛弃常规的思维方式，从多个角度探索解决问题的办法。对同样的问题，想出的答案类型越多，其思维灵活性越高。独特性则是指所有人面对同样的问题时，想出与众不同、超越他人的解决办法的能力。

从思维的创新性划分，思维分为常规思维和创新思维。常规思维是一种普遍的思维方式，是指用最常见的方式去思考问题。创新思维是思维的高级阶段，是指从一个全新的角度对已有事物之间的关系进行的思考或者对尚不可知的事物进行从未有过的思考。人类所有的创新性活动都必须有创新思维的参与，它是人类认识世界、改造世界的基础，也是人类社会不断发展的内在驱动力。

2．创新思维的特点

（1）开拓性

创新思维的开拓性表现在两个方面：一是开拓出了新的思维模式；二是创造出了新成果。换句话说，创新思维不论在思维方式上，还是思维的成果上都是“前无古人”的，都突破了已有的思维方式和结果，它的目的是从全新的思路上去发现事物之间的新规律，并采用新的方法去解决问题，从而创造出新的事物。

（2）综合性

首先，创新思维的综合性体现在创新思维成果是人类在前人已取得成功经验的基础之上，将各种事物联系起来并加以综合利用而形成的。创新思维成果一定是来源于人类的实践生活，并为人类生活所利用。其次，创新思维成果的取得并不是单单依赖于发散思维或者逻辑思维某一种思维形式，它是在发散思维、逆向思维、多向思维、逻辑思维、求异思维等多种思维形式的辩证统一之下而实现的。最后，创新思维需要人类生理与心理综合发生作用，也需要主体有意识、有计划地去认识客观事物，是主客体的相互作用。

（3）探索性

创新思维的本质是突破、创新并超越，是一种探索未知世界并努力取得突破的活动。由于创新思维不是模板式的思维，它无法利用已有的方法，无法套用现存的成功模式来获得成果，它需要不断发现、探索各种事物间的关系，在其中寻求新的突破点，从而解决问题，获得成功。因此，创新思维实质上就是处于不断探索新事物的过程之中。

二、培养大学生创新思维的重要性

（一）社会发展的需要

21 世纪是科技迅猛发展的时代，人类社会也正以前所未有的速度向前发展。在这一发展背景之下，对人才的呼声愈来愈高，21 世纪的人才应该具备丰富的知识，要有积极进取、勇于开拓和敢于创新的精神。唯有如此，才能适应社会发展的需求，在激烈的社会竞争中脱颖而出。高校作为培养人才的重要场所，更应该注重培养学生的创新思维，提高学生的创新能力，促进学生的全面发展。

（二）高校教育改革的需要

传统的高校人才培养模式，更加注重学生对书本知识的理解与掌握，而对学生思考能力、批判能力以及创新思维能力的培养有所忽视，这种模式之下培养出来的大学生已经无法满足当前信息化时代的人才需求，很容易被社会淘汰。因此，各高校应将学生创新思维的发展作为人才培养模式的着力点，这也是培养高素质人才的关键所在。

（三）提高自身素质的需要

2022 年，我国高校毕业生人数突破千万，达到 1076 万人，再创历史新高。就业人数激增，加之受疫情影响，就业形势更加严峻。在此就业背景之下，大学生只有加强自己的创新思维，提高自己的综合素质，才能在竞争激烈的就业市场找到令自己满意的工作。因此，现代大学教育的目标是培养具有创新思维的人才，这也是提高我国综合国力的需要。

三、影响大学生创新思维的因素

不少学者通过调查研究发现，当前我国许多大学生都认为自己缺乏创新思维，创新能力不足，部分学生认为自己虽然有过创业的想法，但由于不善于利用身边的有利条件和整合资源，实践能力不足，导致这一想法也只停留于脑海中，未能往前再进一步。可见，我国大学生普遍存在创新能力不足的问题，究其原因，主要有以下两个方面。

1. 客观因素

（1）传统教育观念

受儒家思想影响，我国传统教育观念始终认为儿童是不成熟的个体，对整个世界缺乏自己的认知，所以儿童从小就被教育要听大人的话。当儿童发表自己看法的时候，“你个小孩子懂什么，要听爸爸妈妈的话”等类似的话语马上就打断了儿童的发言。久而久之，儿童不敢再有自己的想法，渐渐变得越来越“乖”，学会了顺从，但也失去了创新的动力，不再有创新的积极性。

一直以来，我国的教育忽视了学生在教育中的主体地位，强调“学科本位”“知识中心”，重视知识的传授，采用机械的“老师教，学生听”的方式，一味地向学生灌输大量知识，而不考虑学生的个体差异、接受能力和实际需要等。由于长期受此种教育模式的影响，学生的思想逐渐变得僵化，创新能力逐渐下降。

（2）教师个人的素质

大学生创新思维能否得到发展关键在于教育，而创新教育能否成功的重中之重在于教师创新素养的高低。教师的一言一行都会对学生具有榜样示范作用，其思维的灵活性、敏捷性会潜移默化地影响学生的思维发展。创新素养低的教师习惯于自己处于控制者的角色，满足于所谓的“上好课”，只注重将书本知识完全地传授给学生，却忽视了培养学生乐于思考、敢于质疑的精神，这正是学生缺乏创新思维的核心因素。反之，创新素养高的教师能够摆脱传统的“一言堂”教学模式，能够把握创新创业教育的核心所在，在教学过程中注重引发学生思考，时刻关注学生的课堂反应，以便于调整后续的教学安排，面对突发教学问题时，也能及时做出恰当地处理。此外，对学生进行创新教育意味着教师必须不断丰富自己的知识面，提高自己的实践能力，全面提升自己的创新能力。

（3）学校的培养模式

高校作为培养人才的主要场所，其教育理念、培养模式以及学校环境都对学生的创新思维具有制约作用。长期以来，高校的培养方式基本是传统的“三中心论”，即教师中心、教材中心、课堂中心，以传授知识、培养标准型人才为目标。这与创新人才的培养完全是相悖的。许多高校对学生的管理也仍然过于严格，要求所有学生都按照统一的、既定的模式发展。对于学生的评价大部分采用考试的方式，分数的高低成为评价学生是否优秀的关键性标准，导致教师和学生都过于追求高分，而忽视了学生的全面发展，也严重束缚限制了学生的创新思维。

2．主观因素

（1）知识储备

长期以来，“知识与创新之间的关系”一直是人们讨论的热点问题。著名心理学家、认知心理学家罗伯特·斯滕伯格认为，知识是创新的基础，如果一个人在该领域不具备足够的知识储备，就无法做到真正的创新。但如果一个人长期专注于研究某领域，在该领域已成为专家型学者，那么他极有可能受已有知识经验影响而导致思维模式固定化，也无法再取得突破与创新。所以，有研究者提出不同的观点，创新所应该具有的知识储备，不仅是该领域的一般知识，还包括特殊知识。具备这两种知识的人，是不可能形成思维定式的。一般性知识可以适用于教育、金融、工业等各个领域，特殊性知识是指专业知识，仅适用于某一领域。因此，同时具备该领域的一般知识和特殊知识对大学生的创新能力是有正向促进作用的。而当代大学生创新思维的缺乏也是由于他们不具备丰富的领域一般性知识和特殊知识所导致的。

（2）从众心理

从众心理是指受周围环境影响而表现出同样的行为方式。当代许多大学生都具有从众心理，不论是行为方式还是思维方式，都尽量与周围的人保持一致，随大流，不敢做出改变，害怕成为“异类”，努力做到所谓的“和谐”。例如，当老师提出一个问题，全班同学的回答都一样，而自己的答案与之不同时，他会认为他们是对的，自己是错的，对自己产生怀疑，从而修改自己的答案。而创新思维意味着“与众不同”，不随波逐流，具有不同于大众的思维模式，敢于怀疑，敢于突破。因此，从众心理必然成为限制大学生创新思维发展的重要因素之一。

四、培养大学生创新思维的方法

（一）摆脱传统教育观念

要培养当代大学生的创新思维，必须改变传统的教育观念。首先，摆脱传统的“教师中心论”，学生是被动对象的错误观念。学生是课堂的主要参与者，要尊重学生的主体地位，发挥学生在课堂当中的主动性。其次，改变以往“满堂灌”地纯粹传授课本知识的教学方式，设置问题情境，以问题为导向，最大限度地激发学生的探究欲和学习兴趣，鼓励学生自主思考，寻找问题的解决办法。再次，拓宽大学生获取知识的渠道。学生不仅要从课堂、从教师那里获取知识，还要主动利用图书馆、网络媒体等媒介，主动汲取知识营养，增加个人知识储备。

（二）营造校园创新环境

环境对大学生的创新思维具有潜移默化的作用。因此，为促进学生创新思维培养，高校要努力为学生营造良好的创新环境。首先，学校不仅要为学生提供创新实践所需的硬件设施，例如建设创新创业孵化基地，还应为主动积极创新、主动创业的学生提供资金支持和智力支撑，例如安排专业的创新创业教师给予专业指导。其次，要充分发挥学生会和学校社团的作用，定期举办各种形式的创新竞赛活动，激发学生竞争意识和创新意识，以形成全员参与、全员创新的良好氛围。

五、常见的创新思维方法

1．发散思维

发散思维，又称辐射思维、放射思维、扩散思维或求异思维，是指大脑在思维时呈现一种扩散状态的思维模式，它表现为思维视野广阔，思维呈现出多维发散状。如“一题多解”“一物多用”等方式。不少心理学家认为，发散思维是创造性思维最主要的特点，是测定创造力的主要标志之一。

2．逆向思维

在日常生活与学习中，人们常常习惯于用顺向思维思考问题，通常情况下，利用这种思维方式，我们可以解决生活中绝大多数问题。但对于有些问题，采用逆向思维，尝试从相反方向思考解决问题的办法，或许会更加有效。例如，当有小孩掉进缸里，大多数人想到的办法就是把小孩从缸里拉出来，而司马光则用石头把缸砸破，让缸里的水快速流出来，这样小孩就能更快地获救。这就是采用了逆向思维的方式。

3．质疑思维

质疑思维是指人们一定要有自己独立的想法和观点，不能人云亦云，迷信所谓的权威，要敢于质疑，敢于突破传统的旧观念，提出新观点。例如，古希腊著名数学家欧几里得提出三角形内角之和等于 180° 。2000 多年来，人们对这条定理深信不疑。直到德国数学家须外卡尔特对此提出质疑之后，黎曼受此启发，对该定理进行深入研究，结果发现在球面上，三角形内角之和并不等于 180° ，而是大于 180° 。

4．心理学思维

心理学思维一般是指生产者和经营者一定要在了解顾客心理需求的基础之上，去创造、生产和销售产品，只有这样，才能够获取最大效益。例如，为满足顾客夜间买药的需求，重庆真善美药房率先上线了无人药房智能药柜。

5．转换思维

转换思维是指尝试换个角度或方向思考问题，而不要思维固定化。例如，当老师问：“同学们，树上有 10 只鸟，开枪打死了 1 只，树上还剩几只鸟？”大部分同学都会回答

9 只。因为他们思维固定化，只关注到打死的那只鸟会从树上掉下来，却没有想到枪声会吓跑其余的鸟。所以，尝试变换思维方向，你可能会得到不一样的答案。

思考与练习

用思维导图的形式列举蜡烛的用途，越多越好，并用某一种创新思维方法对它进行改革。

第三节　大学生双创大赛主要类型

案例导入

馒头，可以说是我们日常生活当中再普通不过的一种食物。或许谁也没有想过小小的馒头却充满了无限可能，创造了巨大商机。罗三长就是凭借这小小的馒头，夺得了第三届中国“互联网+”大学生创新创业大赛全国总决赛金奖。

罗三长家庭生活贫困，父母在他很小的时候就外出打工维持生计，他也成了留守儿童，自己一个人在家读书、做饭、种地。2014 年，罗三长考入云南滇池学院，为减轻家庭负担，他常常会利用空闲时间去餐厅等地方做兼职。正因为在餐厅打工的经历，他认识了餐厅老板，老板觉得他踏实、肯干、有想法，十分欣赏他。老板也因此成为他创业路上的一大助力。

一直以来，罗三长就梦想着可以自己创业。所以，在 2015 年，他和合作伙伴四处进行市场调研，更是专门远赴台湾学习红糖馒头制作工艺和配方。回到云南之后，为生产出当地人民喜欢吃的红糖馒头，经过上百次的试验与研发，他终于制作出了符合当地人口味的云南红糖馒头。2015 年 11 月，他也成功地在云南大学滇池学院开起了他的第一家“罗小馒”红糖馒头店。因为红糖馒头经过了本土化改良，一下击中了许多师生的味蕾。没过多久，“罗小馒”红糖馒头就在云南各大高校纷纷开起了分店，并逐渐走向了校园之外。

如今，“罗小馒”项目在第三届中国“互联网+”大学生创新创业大赛全国总决赛上斩获金奖，这也让全国人民都熟知了“罗小馒”，了解了“罗小馒”背后的创业故事，“罗小馒”的规模也不断扩大，销量屡获突破。

启示

从罗三长创业成功的故事可以发现，他之所以能够成功，离不开他自身的努力，他有想法、有闯劲，也离不开他和合作伙伴前期大量的市场调研，了解了市场的真正需求，亦离不开他及其团队成员身上的工匠精神，他们认真学习红糖馒头制作工艺，并经过上百次尝试之后，对红糖馒头做了本土化改良。

一、中国国际“互联网+”大学生创新创业大赛（简称“互联网+”大赛）

（一）“互联网+”大赛介绍

1. 参赛对象

“互联网+”大赛是由教育部与地方政府、各高校共同举办的双创活动，其参赛对象包括目前在读或已经毕业 5 年内的中职中专、高职高专、普通本科、研究生。但不同的参赛赛道对参赛对象的学历要求有所不同。

2. 参赛赛道

参赛赛道主要包括高教主赛道、“青年红色筑梦之旅”赛道、职教赛道、国际赛道、萌芽赛道以及产业命题赛道。

（1）高教主赛道

高教主赛道的参赛对象主要为全国各高等院校师生，分为创意组、初创组、成长组和师生共创组。该赛道的参赛项目要求能够将互联网、人工智能、大数据等最新信息技术与农业、工业、教育、医疗等传统产业相互融合，促进传统产业转型升级。

（2）“青年红色筑梦之旅”赛道

“青年红色筑梦之旅”赛道的参赛对象主要为全国各高等院校学生，分为公益组、商业组。公益组要求参赛项目坚持以社会效益为主，主要服务于我国公益事业发展。商业组参赛项目主要针对我国“三农”问题和城市发展问题提出具有创新的举措，以促进乡村振兴，城乡协调发展。

（3）职教赛道

职教赛道的参赛对象主要为全国所有中职中专、高职高专院校的学生，分为创意组、创业组。职教赛道项目要求与高教主赛道相似，要求项目能够利用新一代的信息技术优化传统行业的发展，同时能够促进教育、医疗等社会服务行业的深入发展。

（4）国际赛道

2017 年在西安电子科技大学举办的第三届中国“互联网+”大学生创新创业大赛增设国际赛道，主要目的是为全世界优秀青年相互交流、相互学习、相互借鉴提供一个良好的平台。其参赛对象主要是全世界各高校的创新创业优秀青年，分为三个组：商业企业组、社会企业组、命题组。商业企业组要求参赛项目具有创意点以及明确的、可行的、完整的创业计划书。社会企业组要求参赛项目能够利用新型的商业化手段解决目前存在的社会问题，促进社会健康，实现可持续发展。命题组主要是全世界各企业及机构针对本单位存在的发展问题等自主设立的参赛题目。为使该项赛事走向国际，吸引全球更多大学生参与其中，实现世界大学生的创新梦、创业梦，2020 年，中国“互联网+”大学生创新创业大赛取消国际赛道，正式更名为中国国际“互联网+”大学生创新创业大赛。

（5）萌芽赛道

萌芽赛道的参赛对象为普通高中在校学生，主要目的是激发中学生的创新思维，使其乐于参与创新实践活动，能够感受创新带来的乐趣，从而提升中学生的创新能力，促进其全面发展。

（6）产业命题赛道

产业命题赛道主要面向全国各高等院校本科生和研究生，其参赛项目主要是根据企业的命题内容，提出措施以解决企业问题。

3．比赛赛制

“互联网+”大赛采用三级赛制的方式，包括校内初赛、省级复赛、全国总决赛。校内初赛由各院校自行组织、评比，省级复赛由各省负责组织安排，省级复赛选拔出的优秀项目最终进入全国总决赛。

4．赛程安排

“互联网+”大赛一般 4—7 月为报名时间，参赛团队可以采用登录全国大学生创业服务网或微信公众号的方式进行报名；6—8 月，各校、各省自行组织校赛和省赛，推选出入围全国总决赛的创业项目；10 月一般为全国总决赛时间。

（二）“互联网+”大赛的特点

1．创新性

创新创业大赛项目中“创”与“新”二字是重中之重，这也就意味着项目参与者不仅要能够整合优化自己已有的资源开创新事业，同时该事业在该领域还必须具有创新性，可能是经营模式的创新、销售渠道的创新，或是产品自身的创新，这些都属于创新的范围之内。

2．团队性

创新创业大赛要求以团队为单位参加比赛，成员人数为 3～15 个。作为团队比赛，不同成员的观点、擅长的专业领域、表达能力等方面都存在差异，如何做到取长补短以及如何处理创业项目与合作单位之间的关系，这就需要团队成员能够具有团队合作意识，能够有效处理与各成员、合作单位之间的关系。

3．可行性

创新创业大赛项目除了要具有创新性，可行性也是一个考评要点。有些大赛项目可能过于追求所谓的创新，而忽略了其落地性、可行性，想法具有“不着边际”之疑。因此，创新创业大赛项目一定要符合实际，只有这样，才能真正投入市场，突破行业发展困境，满足市场需求，最大限度地创造经济价值和社会价值。

（三）“互联网+”大赛的意义

1．以赛促学，提升学生实践能力

参与“互联网+”大学生创新创业大赛需要学生深入社会，了解当前我国农村、城乡、社区等发展过程中亟须解决的问题，把握市场发展状况和趋势，从而寻找到具有价值的新项目。同时，项目设计与实施过程，也需要参赛学生将项目投入实践之中，提高学生的动手实践能力。

2．以赛促教，提高人才培养质量

以“互联网+”大学生创新创业大赛为契机，改革高校创新创业教育人才培养体系，全面促进高校素质教育发展水平，引导学校培养全面发展，适应社会需求的人才，以服务于国家和地方经济发展为主要目标，实现学校教育与社会要求有效衔接。

3．以赛促创，培育创新创业成果

“互联网+”大学生创新创业大赛催生了一大批优秀创新创业项目，并已投入到我国产业发展之中，促使互联网等信息技术在各行各业的运用，实现了产学研一体化，形成了创新引领创业、创业推动就业的新局面。

4．以赛促交流，构建人类命运共同体

从 2017 年首设国际赛道以来，“互联网+”创新创业大赛吸引了全球 120 多个国家和地区的 3 万多名国际大学生报名参加此项赛事，其中不乏哈佛大学、帝国理工学院、苏黎世联邦理工学院等世界顶尖院校积极参与，这不仅促进了不同国家、地区的大学生之间的友好交往，鼓励他们共同为构建人类命运共同体贡献自己的一份力量，也进一步扩大了我国高校创新创业教育的国际影响力。

二、“挑战杯”全国大学生课外学术科技作品竞赛（简称“挑战杯”竞赛）

（一）“挑战杯”竞赛的产生背景

“挑战杯”竞赛是由共青团中央、中国科协、教育部、全国学联和地方政府共同主办的全国性竞赛活动。

1978 年，邓小平同志在全国科学大会上重申了马克思关于“科学技术是生产力”的论点。1988 年，邓小平同志再次强调了科学技术对经济发展的重要推动作用，提出“科学技术是第一生产力”的论断。科学技术的发展程度依赖于一个国家的教育水平，依靠于学校对科技创新人才的培养。在此背景下，同年，清华大学联合全国十九所重点高校共同探讨，在改革开放的新时代背景之下，如何提高学生理论与实践相结合的能力，如何提高各高校人才培养质量，为社会输送具有创新性的科技人才。经过激烈的讨论，各高校代表一致同意将清华大学校内举办的“挑战杯”竞赛形式推广至全国。

1989 年，在国家教育委员会的支持下，清华大学、北京大学、浙江大学等 34 所重点高校和全国学联、中国科协等共同举办了第一届“挑战杯”大学生课外科技活动成果展览暨技术交流会。

1991 年，第二届竞赛在浙江大学举办。该届“挑战杯”确定了竞赛名称为“挑战杯”全国大学生课外学术科技作品竞赛；确定了竞赛举办时间为两年一届，承办组织为各高校。

（二）“挑战杯”竞赛介绍

1．参赛对象

全国各高校在读大学生（包括港澳台地区）。

2．竞赛类型

“挑战杯”竞赛作品分为三大类：自然科学类学术论文、社会科学类社会调查报告和学术论文、科技发明制作。

3．比赛赛制

“挑战杯”竞赛形成了校内预赛、省级复赛、全国总决赛的三级赛制。校内预赛由各院校自行组织、评比，省级复赛由各省负责组织安排，省级复赛选拔出的优秀项目最终进入全国总决赛。

4．赛程安排

“挑战杯”校内竞赛时间为 3—5 月，由各高校成立评审小组进行选拔；5—6 月为省内复赛时间，各院校遴选出优秀竞赛作品进入省赛；7—11 月为全国总决赛时间。

（三）“挑战杯”竞赛的发展特征

从 1989 年的第一届竞赛到 2021 年的第十七届竞赛，“挑战杯”竞赛已历经 30 多年。从最初的部分省份 19 所高校发起，到如今的全国各大本科院校、高职院校参与，各高校参赛积极性显著提高，参赛人数不断增加，竞赛影响力持续扩大。“挑战杯”竞赛自身也在不断发展和完善，主要体现在以下几方面。

1．致力于培养创新人才，转化创新成果，助力国家富强、民族复兴

“挑战杯”竞赛的举办初衷即为了提高学生的实践能力和创新能力，培养创新型人才。30 多年来，“挑战杯”竞赛组织者始终保持初心，紧跟时代发展步伐，抓住社会发展最新需求，并将其充分融入竞赛的内容和形式之中。一方面“挑战杯”竞赛作品范围逐渐扩大，从以理工科作品为主到涵盖理工、艺术、教育、哲学等各个学科领域，充分激发了学生参与意识、竞争意识与超越意识；另一方面，“挑战杯”竞赛一般以团队形式参与，鼓励各学科、专业之间交叉组队，各取所长，以开拓学生的思维空间，提高学生的合作与交流能力，并创造出具有新颖性、价值性的独特作品。同时，“挑战杯”竞赛积极为学生搭建作品孵化平台，举办大学生科技成果拍卖会、大学生科技作品博览会等各种形式的展会，为参赛学生将其作品转化成实质产品提供有力的政策、技术和资金支持，真正做到创新成果与产品的无缝对接。

2．坚持竞赛与教学协同发展，将创新能力培养融入教育教学体系之中

“挑战杯”竞赛始终坚持以赛促学、学赛统一的理念，为高校深化教育教学体系改革和促进科技创新人才的培养提供了有效途径。如今，“挑战杯”竞赛已形成了较为完善的三级竞赛机制，即校级、省级和国家级。通过层层选拔，最终筛选出最为优秀的科技创新作品，该竞赛机制在各高校之间营造了相互竞争与相互学习的良好氛围。同时，全国各高校皆以“挑战杯”为契机，鼓励学生积极参与竞赛活动，推动了课内和课外之间的有机结合，充分利用竞赛方式促进高校教育目标的达成，实现了课堂知识到竞赛作品之间的完美转化，深化了高校第二课堂的建设，构建了高校创新型人才培养模式。

3．深化政府、高校与社会共育科技创新人才的合作机制

“挑战杯”竞赛第一届到第四届主要是以各高校、全国学联以及中国科协等为主办方，主要以全国各高校为依托单位。1997 年，第五届“挑战杯”竞赛吸纳了地方政府和社会力量的参与，实现了社会共同举办“挑战杯”竞赛的构想。1999 年，教育部正式成为第八届“挑战杯”竞赛的主办单位之一，意味着我国政府部门对“挑战杯”竞赛成果以及影响力的认同与肯定。目前，“挑战杯”竞赛已经形成了政府主导、高校主体、社会参与的合作机制。该合作机制，不仅有利于加大政府对竞赛的支持力度，以规范竞赛的发展方向，同时有利于扩大竞赛的全民参与性，形成人人敢于创新、乐于创新的良好局面。

（四）“挑战杯”竞赛的影响

1．有利于提高大学生的综合素质

“挑战杯”竞赛是对学生综合能力的一种考验。第一，该竞赛不仅要求学生全面掌握本领域的专业知识和其他相关知识，还要求学生能够对其专业领域的市场状况进行深入调研，并能够在此基础之上提出具有创新性的想法。第二，在整个竞赛过程当中，参与人员众多，有各个专业、不同性格的学生，也有不同的指导老师。因此，要顺利完成此项比赛，参与人员必须具有一定的协调、组织能力，善于与每位成员沟通、交流，具备团队意识，一切以集体利益为重。第三，该竞赛名为“挑战杯”，表明该竞赛具有很大的挑战性，学生在准备比赛的过程中会遇到各种困难，需要不断提高自己的抗压能力、抗挫折能力，一次次超越自己，才能够取得成功。第四，“挑战杯”竞赛的作品都是与我国社会发展需求息息相关的，并且都会转化为实际成果，以此服务于社会和国家。通过此竞赛，学生能够更加深入地了解我国经济、科技等发展状况，也有利于提升自己的社会意识和社会责任感。

2．有助于提升高校教师的社会实践指导水平和创新能力

高校教师作为“挑战杯”竞赛的指导教师，要想有效地指导学生，首先，必须准确把握“挑战杯”竞赛赛制与要求，深入研究学生的竞赛作品的相关知识，这在一定程度上促进了教师专业化水平的提高。其次，大学生的思维较为活跃，看待问题的角度较为新颖，可能会提出各种从未考虑到的新问题。此外，“挑战杯”竞赛主要是对学生创新思维与能力的考验，因此，教师要始终保持学习的状态，拓宽自己的知识视野，锻炼自己的思维灵活度。最后，作为指导教师，一定要了解每一个参赛学生，懂得如何充分调动学生的积极性，激发学生的竞争意识和内在潜能，这不仅有利于提高学生的竞赛成绩，也有利于学生的发展和教师指导能力的提高。

思考与练习

通过搜集资料、实地调研等方式，挖掘可能的创业机会，与同学分享自己的创业梦想和初步的创业计划。

参 考 文 献

[1] 贾楠，乔凯平. 心理与成长——大学生心理健康指导[M]. 北京：机械工业出版社，2021（8）.
[2] 曲振国. 大学生就业指导与职业生涯规划（第 2 版）[M]. 北京：清华大学出版社，2020（4）.
[3] 王祥君，吴辉，李翠景. 大学生心理卫生与发展[M]. 重庆：重庆大学出版社，2018（12）.
[4] 傅小兰. 情绪心理学[M]. 上海：华东师范大学出版社，2015（8）.
[5] 夏海鹰，吴南中，彭飞霞. 终身学习与职业生涯发展（第二版）[M]. 北京：人民邮电出版社，2013（9）.
[6] 丁木金. 新编大学生职业生涯规划[M]. 天津：南开大学出版社，2018.
[7] 曲振国. 大学生职业生涯规划与就业创业指导[M]. 天津：南开大学出版社，2018.
[8] 李军雄，熊安峰. 大学生职业发展与就业创业指导[M]. 北京：北京邮电大学出版社，2017.
[9] 瞿立新，孙爱武. 职业生涯规划[M]. 北京：高等教育出版社，2016.
[10] 钟谷兰，杨开. 大学生职业生涯发展与规划（第 2 版）[M]. 上海：华东师范大学出版社，2015.